Samir Yerpude
Tarun Kumar Singhal

Excelência no serviço ao cliente através da Internet das Coisas

AF513682

Samir Yerpude
Tarun Kumar Singhal

Excelência no serviço ao cliente através da Internet das Coisas

ScienciaScripts

Imprint
Any brand names and product names mentioned in this book are subject to trademark, brand or patent protection and are trademarks or registered trademarks of their respective holders. The use of brand names, product names, common names, trade names, product descriptions etc. even without a particular marking in this work is in no way to be construed to mean that such names may be regarded as unrestricted in respect of trademark and brand protection legislation and could thus be used by anyone.

Cover image: www.ingimage.com

This book is a translation from the original published under ISBN 978-3-330-34610-9.

Publisher:
Sciencia Scripts
is a trademark of
Dodo Books Indian Ocean Ltd. and OmniScriptum S.R.L publishing group

120 High Road, East Finchley, London, N2 9ED, United Kingdom
Str. Armeneasca 28/1, office 1, Chisinau MD-2012, Republic of Moldova, Europe
Printed at: see last page
ISBN: 978-620-7-33780-4

Copyright © Samir Yerpude, Tarun Kumar Singhal
Copyright © 2024 Dodo Books Indian Ocean Ltd. and OmniScriptum S.R.L publishing group

Índice

Prefácio

"Customer Relationship Management" (CRM) e "Internet of Things" (IoT) são dois dos termos mais falados atualmente, não só no mundo empresarial, mas também fora dele. A razão é simples - afectaram profundamente as organizações e os seus modelos de negócio, bem como os padrões de comportamento do consumidor. A importância destas duas tendências pode ser sublinhada no relatório anual da empresa de análise Gartner.

A Gestão das Relações com os Clientes (CRM) deverá aumentar para um mercado mundial de 36,5 mil milhões de dólares até 2017, um aumento significativo em relação aos 20,6 mil milhões de dólares previstos no primeiro trimestre deste ano. O CRM também lidera todas as categorias de software empresarial em termos de crescimento projetado, apresentando um CAGR de 15,1% de 2012 a 2017, também revisto em alta em relação aos 9,7% da previsão do 1º trimestre.

A última ronda de previsões publicada no relatório também mostra que o CRM eclipsou o ERP, como o SAP, na dimensão do mercado mundial em 2017. Estima-se que, até 2020, haverá mais de 26 mil milhões de dispositivos ligados. Alguns relatórios de investigação estimam mesmo que este número seja superior a 100 mil milhões. Então, o que é que isto significa para as organizações e o que é que significa para os consumidores? Com tantos dispositivos e aparelhos ligados, todos os aspectos da vida humana serão afectados de uma forma muito diferente. As aspirações, expectativas e comportamentos dos clientes serão drasticamente alterados e as empresas terão de estar à altura dos desafios para os satisfazer.

Os autores explicaram o assunto e os desafios neste livro atual com uma grande dose de brio. Na qualidade de gestor que tem estado envolvido no CRM nos últimos quinze anos em várias funções, tenho testemunhado com orgulho que o autor principal tem ligado intimamente todos os aspectos do CRM - quer se trate de manutenção de aplicações, desenvolvimento ou actividades no terreno. Ele traz para a mesa um foco muito nítido e uma grande compreensão dos requisitos comerciais. Além disso, os autores explicaram de forma lúcida como estas tecnologias satisfazem os requisitos e abrem novas possibilidades para satisfazer as expectativas dos clientes. Os autores reforçaram a sua profunda compreensão e conhecimento dos aspectos práticos do CRM e da IoT com o rigor académico gerado pela sua investigação exaustiva no domínio da IoT, do CRM, da análise e de assuntos relacionados.

O livro destina-se a gestores em exercício, bem como a estudantes destas matérias. Os aspectos teóricos são ilustrados com estudos de caso, o que facilita a compreensão dos princípios explicados numa linguagem simples. Recomendo vivamente este livro a todos os que se interessam por estas áreas e querem compreender como estas paisagens tecnológicas estão a funcionar no terreno e o que se pode esperar delas no futuro.

Dilip Trivedi- Diretor Geral Adjunto - CRM

Prefácio do autor

Ciao!!! Olá!! Bonjour!!!

Qual é a próxima grande novidade? Esta é provavelmente a pergunta que cada um de nós faz todos os dias. No entanto, algures não conseguimos reconhecer o que existe e o que pode ser alcançado para nos ajudar a dar um salto quântico. Os investigadores tentam identificar as grandes coisas semelhantes que existem e apresentam a sua amálgama que afecta o ambiente. O tema coloca o cliente no centro das atenções e avalia os conceitos de Análise do Cliente, Gestão da Procura, Gestão de Inventário com o tecido subjacente da Internet e da Internet das coisas. A motivação para escrever este livro advém do facto de termos entrado na revolução da Indústria 4.0 e do ritmo a que conceitos como a Internet das coisas cresceram. É inimaginável como, em 1999, Kevin Ashton cunhou este termo, criou este conceito e o crescimento exponencial observado no mesmo.

Prosseguindo com o tema de estar centrado no cliente, o livro contém alguns conceitos vitais em torno do cliente e do seu impacto nas empresas. O livro contém alguns capítulos distintos sobre a análise de clientes. Para facilitar a compreensão, tentámos avaliar um estudo de caso relevante sobre a forma como a análise de clientes pode beneficiar a empresa. Para clarificar o conceito de análise de clientes, são abordados diferentes conceitos de análise de clientes. O capítulo seguinte procura simplificar o conceito de gestão da procura por parte dos clientes e relacionar o impacto dos dados em tempo real com o mesmo. Além disso, destaca a origem dos dados em tempo real que estão a ser recolhidos a partir do cenário IoT. Os dados em tempo real são inestimáveis no processo de previsão da procura dos clientes, tendo em conta a volatilidade da procura. As organizações têm de ser ágeis para sobreviver e evitar a situação de excesso de inventário ou de escassez. Os dados em tempo real desempenham um papel decisivo na garantia dos níveis de operacionalidade. Partindo de uma teoria externa, o próximo capítulo faz alusão ao papel da Gestão de Stocks para apoiar a procura dos clientes. Citamos aqui a teoria do inventário gerido pelo fornecedor e a forma como a Internet das coisas está integrada em todo o conceito. É ainda simplificado com um estudo de caso em que se pode testemunhar o ecossistema completo que faz do inventário gerido pelo fornecedor um conceito sem falhas. De seguida, o leitor será também informado sobre o caminho a seguir no percurso do cliente. Nesta secção, os investigadores esforçaram-se por fornecer mais dois conceitos cruciais, como o CRM social e o cliente conectado. Sendo o CRM social uma parte indispensável dos meios de comunicação social, os investigadores apresentaram o impacto das percepções da marca nas decisões de compra do cliente e o impacto do valor comercial. A abordagem não é tradicional, mas criou um efeito imenso no mercado e provou ser um estilo de negócio pró-ativo. Trata-se de uma atitude em que a organização chega ao cliente em vez de o fazer de outra forma. O cliente sente-se mais integrado quando as organizações tomam os devidos cuidados e resolvem todas as suas queixas registadas. A resolução das queixas converte o cliente em cliente fiel

e, finalmente, em embaixador da marca. Além disso, o conceito de cliente conectado é explicado juntamente com a sua necessidade. O estudo da Internet móvel em comparação com a Internet de secretária projectou a necessidade de ligação de um cliente à organização e leva-a para o nível seguinte. Nesta secção, são referidos alguns estudos de casos para facilitar a compreensão.
O leitor deste livro ficará a conhecer o conceito de gestão das relações com os clientes e a sua interligação com o panorama da Internet das coisas. A ideia do CRM social e do seu impacto no valor comercial e na marca oferece uma nova via para o leitor compreender o ponto de vista.

É com imenso prazer e gratidão que apresento este livro que, pessoalmente, me proporcionou uma dúzia de conhecimentos sobre os conceitos. A viagem para escrever este livro começou com a ideia de acrescentar as nossas ideias ao corpo de conhecimentos, de modo a que possa ser um bom ponto de referência para que todos possam construir sobre o mesmo. Com isto, começo por agradecer ao Dr. Tarun Kumar Singhal, que tem sido a minha motivação constante e o meu mentor. É ele, acima de tudo, a razão de ser deste livro. Em segundo lugar, gostaria também de agradecer à minha família, que me deu tempo e espaço para vos apresentar este livro. No final, gostaria de deixar uma sugestão ao leitor. Por favor, não deixem de ler os estudos de caso explicados no livro para uma compreensão completa do assunto.

1. Introdução

Atualmente, os mercados são o reflexo de uma série de tendências que se têm vindo a manifestar nas últimas duas décadas. A globalização e a privatização induziram parâmetros como o excesso de capacidade, a concorrência entre marcas, as guerras de preços predatórias, a incerteza da procura e a "era do comércio eletrónico". O resultado líquido do que precede é a deslocação do poder do fabricante do produto para o consumidor do produto, ou seja, o cliente. Existe uma concorrência feroz entre os fabricantes para conquistar os clientes e aumentar o seu alcance e quota de mercado. Esta situação afectou positivamente os clientes, tornando-os mais informados, esclarecidos, exigentes, conscientes dos preços e com mais poder. Atualmente, para se manter no mercado, é imperativo que o cliente esteja sempre ligado à empresa. As organizações têm de praticar, elaborar estratégias e trabalhar com tecnologias que ajudem a gerir, analisar e comunicar as interacções com os clientes ao longo do seu ciclo de vida, o que se designa por "Gestão das relações com os clientes". O objetivo é melhorar as relações comerciais com os clientes, ajudando a organização a melhorar a retenção e a confiança dos clientes.

Gestão das relações com os clientes (CRM):

A Gestão das Relações com os Clientes (CRM) cresceu fortemente desde a sua génese[1]. A CRM ajuda a obter uma visão global do mercado que, se utilizada em todo o seu potencial, pode gerar valor comercial. O CRM nunca pode ser implementado como uma iniciativa de T.I.; pelo contrário, é uma iniciativa empresarial que precisa de ser posicionada como uma estratégia empresarial. Atualmente, os clientes procuram soluções personalizadas para as suas necessidades, com atenção pessoal. A única forma de as organizações avançarem é implementarem o CRM e recolherem o máximo de dados relacionados com o cliente, de modo a terem uma visão completa de 360 graus de cada cliente. Estes dados, quando convertidos em informação, podem revelar-se inestimáveis em termos de extração de conhecimentos relevantes sobre o cliente. Servir o cliente ou o serviço ao cliente é um dos elementos mais vitais para adquirir, desenvolver e reter clientes. Numa época anterior, era designado por marketing relacional. O serviço ao cliente dá origem à experiência do cliente, que assumiu uma posição primordial no campo de batalha das organizações de serviços. A fidelização do cliente é o passo seguinte no percurso do serviço ao cliente, alcançado através da satisfação do cliente. No entanto, esta fase revela-se de alguma forma insuficiente quando a batalha para adquirir um cliente é tão feroz. As organizações têm como objetivo levar o seu cliente para a etapa seguinte do percurso da relação com o cliente, que é o prazer do cliente. Um cliente satisfeito funciona como um "embaixador da marca" para a organização e ajuda a adquirir mais clientes através do boca-a-boca. A satisfação contínua do cliente leva a relação ao ponto mais alto do percurso, que é designado por "êxtase do cliente". A consistência é o ingrediente secreto para fazer os clientes felizes[2] .

Tipo de CRM[3] :

Até à data, existem quatro tipos de CRM em prática. O CRM estratégico é o primeiro, que é responsável pela implementação da estratégia concebida pela organização. No caso de uma estratégia centrada no cliente, os clientes são conquistados através da criação de uma cultura centrada no cliente e da oferta de um melhor valor ao cliente em comparação com os seus concorrentes. O CRM estratégico é uma abordagem do topo para a base que é impulsionada por fortes comportamentos de liderança e líderes situacionais criados no processo. O CRM operacional, que é o segundo na linha, lida com todas as transacções efectuadas com o cliente pela organização. Fundamentalmente, automatiza os processos como a compra, a venda, o marketing, etc., em que o cliente está envolvido. Os dados gerados por estas transacções são enormes, uma vez que captam todas as interacções de cada cliente. Estes dados são armazenados numa base de dados CRM com um agrupamento lógico dos dados brutos. A responsabilidade de adicionar o contexto correto e converter os dados em conhecimento, apresentando-os como comparação, tendências, etc., é assumida pelo CRM analítico. A tarefa do ACRM é, antes de mais, aumentar o valor do cliente e da organização através da integração de todos os dados relevantes num formato que gere a sabedoria necessária para tomar decisões sensatas. O poder do CRM operacional é multiplicado quando associado ao CRM analítico, uma vez que este último aponta para as acções a tomar, bem como para a direção em que devem ser tomadas. O último tipo é o CRM colaborativo, que é uma aliança conjunta de objectivos comerciais estratégicos e tácticos. No final, todos os tipos de CRM requerem que os dados sejam transferidos através de fios para que sejam utilizados de forma significativa.

Fig: 1 Tipos de CRM

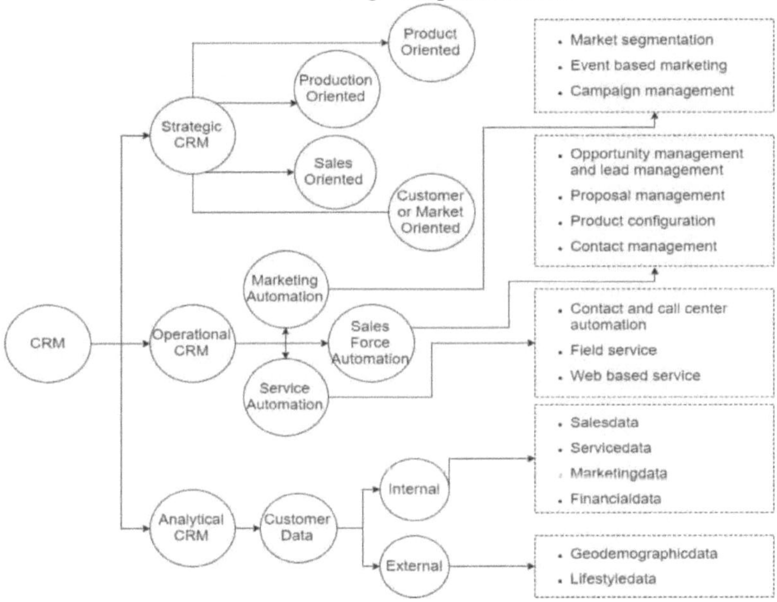

Gestão do ciclo de vida do cliente [4]:

É possível identificar claramente as cinco fases principais do ciclo de vida do cliente.

1. Sensibilização / Alcance

Esta é a fase inicial do ciclo de vida do cliente. Esta fase exige, em primeiro lugar, a realização de actividades de marketing para promover a marca ou os serviços. Esta ação convida os clientes ou o público a conhecerem e aprenderem mais sobre o produto. Ajuda a gerar mais contactos. As actividades de marketing podem ser realizadas através de várias fontes, como as redes sociais, a publicidade em banners ou a redação de conteúdos. Nesta fase, é importante identificar a eficácia de cada evento. Também ajuda a ajustar as actividades de marketing, se necessário.

2. Consideração / Aquisição

Nesta fase, a organização começa a receber as informações dos potenciais clientes, como o endereço de correio eletrónico, o número de contacto e outros detalhes. Isto dá início à criação de relações com os potenciais clientes e leva-as para a frente. Envolver os potenciais clientes com marketing por correio eletrónico, chamadas de vendas ou envio de mensagens personalizadas funciona bem nesta fase do ciclo de vida do cliente.

3. Conversão de compras

Esta é a fase em que os potenciais clientes se transformam em clientes pagantes, ou seja, as organizações podem começar a esperar receitas deles. Nesta altura, torna-se óbvio que as organizações são capazes de convencer o cliente de que precisa de bens ou serviços e de que está pronto para fazer um negócio. Um aspeto importante a focar nesta fase é garantir que o cliente tem uma experiência de compra agradável e satisfeita. Este é também o momento de analisar a eficácia das técnicas de marketing utilizadas até à data. Também ajuda a determinar quais as estratégias que estão a funcionar melhor para gerar receitas.

4. Retenção

A conversão de potenciais clientes em clientes não encerra o ciclo de vida do cliente. A partir desta fase, a criação de relações com os clientes através de um envolvimento regular ajuda a manter a marca fresca na sua mente. Isto também ajudará a organização a obter negócios repetidos, referências ou vendas cruzadas.

5. Advocacia

Ter defensores da empresa ajudará a longo prazo. Os clientes não só voltam a fazer negócios, como também estão dispostos a promover os produtos ou serviços junto de mais clientes potenciais. Para tal, é necessário desenvolver relações fortes ao longo de todo o ciclo de vida do cliente. Os clientes referirão os produtos ou serviços aos seus amigos e familiares.

Fig 2: Ciclo de vida do cliente com CRM

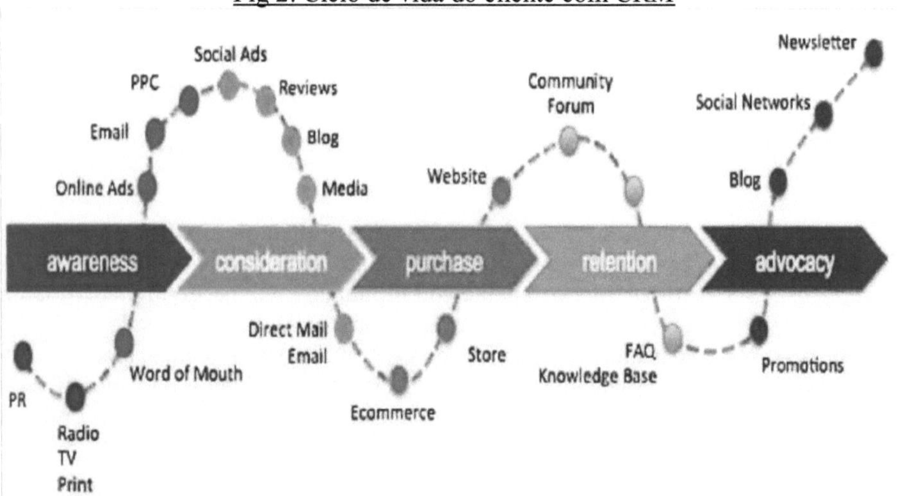

Internet:

A Internet cresceu substancialmente nas últimas 5 décadas, passando de uma micro-rede para uma macro-rede global que serve milhares de milhões de utilizadores. É o meio mais rápido de troca de dados atualmente disponível. A Internet é fundamentalmente definida como "uma rede mundial de computadores que fornece uma variedade de facilidades de informação e comunicação, consistindo em redes interligadas que utilizam protocolos de comunicação normalizados"[5] . Desde o final da década de 1990, a Internet não só proporcionou aos utilizadores experiências em linha, como o correio eletrónico, a pesquisa em linha e a navegação geral, como também desempenhou um papel importante ao permitir a interação humana e remodelar os meios de comunicação tradicionais, como o cinema, a televisão, a música e o telefone[6] . A generalização das características da Internet, como a música digital, o vídeo, os conteúdos gerados pelos utilizadores e a venda de meios de comunicação digitais, fez com que o consumo tradicional de meios de comunicação sofresse alterações significativas. De acordo com os dados do mercado da Internet, as vendas em linha através do comércio eletrónico B2B e B2C não só expandiram o alcance e o volume do comércio grossista e retalhista tradicional, como também alteraram infra-estruturas empresariais inteiras em vários sectores[6] . O alcance do comércio em linha também permitiu que os proprietários de pequenas empresas independentes desenvolvessem as suas actividades para além das fronteiras locais[7] .

Internet das coisas:

É evidente, a partir da discussão acima, que os dados são a chave para o sucesso de uma implementação de CRM. Os dados transaccionais dos clientes podem ser captados de duas formas. Por um lado, quando uma transação é fisicamente introduzida no sistema ou, por outro, quando é captada automaticamente por sensores colocados em locais apropriados. Estes dados são depois migrados para o CRM analítico para posterior processamento e criação de matrizes de relatórios, que são utilizadas pelos gestores para a tomada de decisões. As organizações estão a envidar esforços substanciais para compreender as necessidades e perspectivas dos clientes e, subsequentemente, alinhá-las com os objectivos e metas organizacionais, a fim de alcançar uma vantagem competitiva sobre os seus concorrentes. Mas, como já foi referido, as necessidades dos clientes estão a mudar muito rapidamente e, para responder às mesmas, é necessário dispor de dados em tempo real. Os dados em tempo real têm uma pontuação elevada em comparação com os dados datados, uma vez que podem ser efetivamente considerados para fazer face à volatilidade da procura dos clientes. As organizações não podem ser ágeis nas suas respostas na ausência de dados em tempo real. A recolha de dados em tempo real seria muito dispendiosa se fosse efectuada manualmente[8] . Este facto deu origem ao conceito de Internet das Coisas. Kevin Ashton, no ano de 1999, cunhou este termo muito importante, que mudou o mundo e provocou uma revolução, que fez da Internet das Coisas (IoT) um dos componentes mais vitais da Indústria 4.0. Com o advento da IoT, o mundo físico pode agora ser ligado ao ecossistema através da Internet. As coisas/dispositivos, que deveriam servir determinados fins utilitários, podem agora participar ativamente num ecossistema composto por outras coisas/dispositivos[9] . Ao fazê-lo, as coisas/dispositivos podem fornecer valores ainda mais elevados aos seus destinatários, em virtude da sua participação como componentes/constituintes activos da IdC. A IdC, fundamentalmente, chamou a atenção tanto dos fornecedores como dos utilizadores devido à sua capacidade de ligar dispositivos, pessoas e bens através de uma rede global[10] . A cada entidade no panorama da IdC é atribuído um identificador único e a ideia é recolher dados em direto de cada uma delas através da rede[11] . Os dados em tempo real podem ajudar as organizações a obter tendências úteis e interessantes com base em modelos analíticos avançados.

A Internet, em virtude da sua presença omnipresente e do seu impacto em todos os aspectos comerciais e tecnológicos, tem tido uma presença irrefutável nas nossas vidas[10] . A Internet cresceu substancialmente nas últimas 5 décadas, começando por ser uma micro-rede e passando a ser uma macro-rede global que serve milhares de milhões de utilizadores. Esta enorme evolução nos últimos anos ligou milhares de milhões de coisas a nível mundial[12] . Entre outras influências, a mais recente é a da Internet das Coisas (IoT). Steenstrup e Kutnick[13] , definem a IoT como "uma rede de objectos físicos dedicados (coisas) que contêm tecnologia incorporada para sentir ou interagir com o seu estado interno ou com o ambiente externo". Rio e Banker[14] definem "IoT como a ligação de entidades físicas inteligentes (sensores, dispositivos, máquinas, activos e produtos) entre si, a serviços Internet e a aplicações". Com o advento da IoT, o mundo físico pode agora ser ligado a todos os sistemas com a Internet. As coisas/dispositivos, que supostamente serviam para determinados fins utilitários, podem agora participar ativamente num ecossistema composto por outras coisas/dispositivos. Ao fazê-lo, as coisas/dispositivos podem fornecer valores ainda mais elevados aos seus destinatários, em virtude da sua participação como componentes/constituintes activos da IdC. Sundmaeker e Guillemin[15] afirmam que a "Internet das Coisas" permite que as pessoas e as coisas estejam ligadas em qualquer altura, em qualquer lugar, a qualquer coisa e a qualquer pessoa, idealmente utilizando qualquer caminho/rede e qualquer serviço. A figura seguinte mostra o crescimento previsto da IoT até ao ano 2020[16]

Fig. 3: Previsão de crescimento da loT até 2020

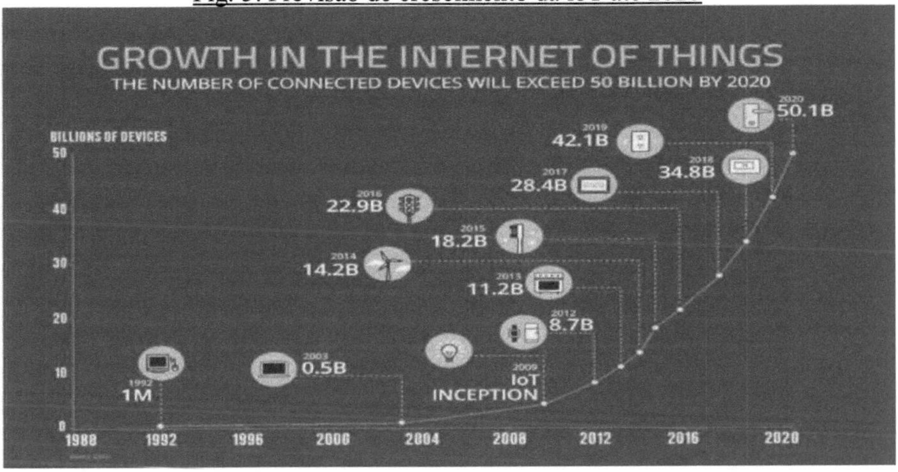

Dohr et al.[17] argumentam que a "IoT é um desenvolvimento das noções anteriores de computação ubíqua, computação pervasiva e inteligência ambiente". Nolin e Olson[7] definem "a IdC como um sistema de dispositivos informáticos inter-relacionados, máquinas mecânicas e digitais, objectos, animais ou pessoas, dotados de identificadores e da capacidade de transferir dados através de uma rede sem necessidade de interação entre humanos ou entre humanos e computadores". A IdC é, fundamentalmente, a avaliação crítica da Internet, que permite a aprendizagem máquina-a-máquina. Khan et al.[18] .

Forças de ambos os lados do panorama tecnológico, como as forças de atração e de pressão, actuaram e impulsionaram a IoT e os seus próximos passos. A força de pressão estava a tratar a IdC como uma nova plataforma onde se aplicavam as informações actuais e futuras e a transmissão dessas informações.

Em contraste com as forças de atração da tecnologia, em que as áreas existentes da nossa economia, sociedade e vida são analisadas em função dos benefícios da implantação generalizada da IdC[10] .

Os dados em tempo real podem ajudar as organizações a obter tendências úteis e interessantes com base em modelos analíticos avançados. Este processo de agitação e transmissão de dados maciços aplicando técnicas analíticas avançadas para descobrir padrões invisíveis e possíveis correlações é designado por Big Data Analytics[19] . A análise de Big Data mais importante que qualquer organização efectua é a análise de clientes. São criados diferentes tipos de modelos para adquirir, servir, reter e encantar o cliente, tais como modelos de propensão de vendas ou de rotatividade de serviços, etc.

2.. Análise de clientes

Quase todos os tipos de análise começam profundamente com dados que são recolhidos física ou automaticamente. A análise de clientes é um domínio em que, em virtude dos dados disponíveis sobre o comportamento dos clientes, são tomadas decisões cruciais com a ajuda de factores como a segmentação do mercado e a análise preditiva. Esta informação é vital para a aquisição de clientes, para o desenvolvimento de relações e para o mais importante, ou seja, a retenção de clientes. Em suma, o conhecimento adquirido pelos dados recolhidos é utilizado para a gestão das relações com os clientes. Uma vez que grande parte do valor de um CRM advém da capacidade de acompanhar as perspectivas que conduzem a uma venda, quase 80% dos utilizadores de CRM afirmaram que a sua equipa de vendas tem acesso ao sistema, o que não é surpreendente[20] . Do mesmo modo, no que diz respeito aos relatórios sobre as condutas, ao acompanhamento do ROI e aos dados sobre os potenciais clientes disponíveis nos CRM, a equipa de marketing ultrapassou ligeiramente as equipas de serviço ao cliente em termos de utilização de CRM para personalizar melhor as campanhas de marketing e medir o desempenho das campanhas[20] .

Para compreender a Análise do Cliente, vamos efetuar um estudo de caso sobre "Análise do Cliente". A melhor forma de aprender análise é através da experiência e de estudos de caso relativamente simples de compreender[21] . Vamos analisar o caso de uma loja de aluguer de discos compactos de vídeo. Passados dois meses, a loja estava a enfrentar uma conclusão feroz no mercado e havia uma necessidade intensa de criar uma estratégia de focalização no cliente. A loja tinha de recuperar a sua quota de mercado e mantê-la. O caso foi dividido em três etapas de execução para que a estratégia possa ser bem compreendida:

1. Recolha de dados para todos os parâmetros importantes
2. Aprofundar o comportamento dos clientes e utilizar a análise de dados básicos com conhecimentos comerciais para otimizar as operações diárias
3. Como utilizar dados com análises avançadas para tornar a estratégia de marketing mais direccionada.

Recolha de dados para todos os parâmetros importantes: Os dados relevantes para uma loja de CD de vídeo seriam a ID da transação, a ID do cliente, a renda devida, a data de emissão, a data de receção e a ID do filme. Os dados mais importantes para qualquer organização são os dados transaccionais, que são considerados de longe os mais ricos. Cada linha da tabela destes dados transaccionais corresponde a uma transação efectuada, na sua maioria monetária, pelo que, para capturar cada linha, precisamos de um ID de linha ou podemos chamar-lhe ID de transação. A captura de dados seria semelhante à descrita abaixo:

Transaction ID	Customer ID	Issue Date	Received Date	Rent Movie ID
1-45679	A3424	13/07/2013	14/07/2013	AB4325
1- 56893	S4532	16/07/2013	17/07/2013	SS8976
1-68107	Q5490	19/07/2013	21/07/2013	VK7654
1-79321	T6748	19/07/2013	20/07/2013	UD5632
1-90535	O9812	22/07/2013	24/07/2013	SK0931
1-10174	J3287	26/07/2013	27/07/2013	AK8734

A segunda tabela concebida foi a tabela de produtos, para que exista uma ligação básica entre o cliente e os produtos e se possa estimar a previsão da procura de um determinado género.

A segunda tabela seria parecida com a seguinte:

Movie ID	Movie Name	Year Month	Genre	Language	Star_cast
AB4325	TMK	201306	Rom	Hindi	Amir
SS8976	DADP	201306	Comedy	Hindi	SRK
VK7654	Ice Age	201306	Comedy	English	Animation
UD5632	Terminator	201306	Sci	English	Arnold
SK0931	Best friends wedding	201306	Rom	English	Gere
AK8734	Amazing spiderman	201306	Sci	English	Harry

A terceira tabela criada para a loja foi a tabela de clientes:

Customer ID	Name	Age	Gender	Area	Package	Enrol_Date
A3424	Tarun	34	M	Bl01	Gold	15/03/202
S4532	Sonal	29	F	Bl05	Gold	16/05/2013
Q5490	Narendra	49	M	Bl16	Gold	14/02/2014
T6748	Ram	44	M	Bl11	Silver	16/01/2013
O9812	Kishore	45	M	Bl04	Silver	11/11/203
J3287	Bipin	46	M	Bl22	Silver	9/9/2013

As três tabelas, quando utilizadas em conjunto, permitem obter toda e qualquer informação necessária para a análise do cliente ou do produto, etc., a fim de criar uma estratégia de marketing e vendas. A tabela criada com as informações relevantes como uma combinação das três tabelas acima referidas também tinha uma identificação de linha única para identificar uma transação. Foram criadas algumas tabelas derivadas para que algumas informações rápidas se mantivessem à mão. Por exemplo, se alguém tiver adquirido 10 novos filmes ingleses e quiser comercializá-los. Poderá querer comercializar estes filmes junto dos clientes que vêem filmes ingleses, que responderam a compromissos recentes e que efectuaram transacções recentes. Segue-se uma abordagem passo a passo para deduzir essas informações a partir dos dados armazenados.

1. Obter a transação do mês recente
2. Obter as respostas dos compromissos dos meses recentes
3. Juntar a transação e a tabela de resposta à tabela de clientes
4. Junte esta tabela de clientes a todas as transacções até à data
5. Selecionar o público-alvo.

Além disso, com a ajuda das bases de dados relacionais tradicionais, o esquema da informação é criado e podem ser facilmente acrescentadas novas estruturas ou relações. Eis alguns exemplos de matrizes que seriam necessárias para construir novas estratégias:

Total Customers	*300*
Total CD's Bought	*1000*
CDs rented	*450*
Total Revenue generated (INR)	*6750*
Fixed Cost (INR)	*30000*
CDs Cost (INR)	*2000*
Net Profit	*-25250*

A partir do quadro acima, observamos que a empresa está inicialmente a enfrentar os ventos contrários na ausência de um diferenciador de mercado. Deveria ser adoptada uma estratégia para a criar, uma vez que a empresa não é diferente de qualquer outro interveniente no mercado. As formas tradicionais de fazer negócios significavam esperar pelo ponto de equilíbrio, mas as formas modernas sugerem a tomada de medidas correctivas que podem incluir:

1. Seguir os gostos do cliente para uma mudança de tema
2. Estudo da localidade para a personalização do cartaz.
3. Isolar o género predominante e armazenar mais CD pertencentes ao mesmo.
4. Descobrir e definir as bolsas de negócios e de lucros potenciais
5. Elaborar estratégias de mercado para atrair e adquirir uma nova base de clientes e, ao mesmo tempo, criar esquemas de fidelização para reter os clientes existentes.
6. Criar novas oportunidades para manter os clientes interessados e ligados.

A avaliação das medidas acima referidas e o seu impacto na atividade são explicados nas secções seguintes:

1. Mudança de tema: Na situação atual, sob uma bandeira de filmes de comédia ingleses, a pilha contém filmes de ação à frente. Esta pode não ser a forma correcta de apresentação para o público-alvo.

Conceito: Imagine que um novo cliente à procura de um filme de ação regional olha para duas lojas de CD concorrentes. Ele perceberia que a probabilidade de encontrar

um CD da sua escolha é maior na loja com um cartaz de filmes regionais.
Inferência: Após a análise dos resultados obtidos a partir dos dados recolhidos, o objetivo deve ser apresentar mais géneros, que são procurados. Os restantes géneros podem não ser exibidos. Se necessário, podem ser exibidos dois géneros mais populares.

1. Cada faixa deve satisfazer o gosto da localidade:

Isto é semelhante ao ponto 1, em que a análise ajudará a decidir o banner a posicionar de acordo com o género mais popular na localidade.

2. Isolamento do género predominante:

O indicador para armazenar o género mais procurado surgirá da análise efectuada sobre os dados recolhidos. Isto também ajudará a decidir as melhores normas de armazenamento e evitará que o espaço seja utilizado com géneros que raramente são vistos.

3. Selecionar as sociedades mais rentáveis para aquisição:

A análise para concluir quais as sociedades mais rentáveis para aquisição seria ligeiramente diferente das outras. A parte complexa é descobrir a rentabilidade ao nível de um cliente individual e depois agregar a mesma ao nível de uma sociedade. Na tabela abaixo, o custo incorrido numa sociedade é o custo de instalação das faixas personalizadas. A receita gerada é calculada multiplicando o aluguer pelos CDs alugados pela sociedade. O pressuposto subjacente é que as despesas de marketing são as mesmas para todos os géneros e em todas as diferentes sociedades. O quadro demonstra os cálculos.

Name of the Society	Standard	Customer acquired	Total marketing cost	CDs Rented/customer	Revenue generated	Profit/Loss
Wembley	Medium	100	1000	1.1	1430	430
South Hall	Low	95	1000	1	1235	235
Waterworks	Low	95	1000	1	1235	235
Hill Road	High	25	1000	2	650	-350
Olive	High	25	1000	2	650	-350

Os resultados dos cálculos acima referidos revelam-se uma revelação. Teríamos partido do princípio de que visar as sociedades de alto nível, onde até o número de CDs alugados é elevado, daria um lucro mais elevado. No entanto, a hipótese é rejeitada quando a análise acima é concluída. E a direção para visar sociedades médias é exposta. O estudo de caso acima é um dos exemplos mais adequados de análise de clientes, em que começamos com os dados básicos. O passo seguinte é segmentar o mercado. A segmentação do mercado consiste, basicamente, em dividir todo o mercado em grupos significativos com base nalguns diferenciadores ou características claras. Os segmentos são criados de modo a que cada membro de um determinado segmento responda de forma semelhante às diferentes estratégias de mercado definidas pela organização. Após a realização da análise avançada, são reveladas muitas informações que ajudam o proprietário a tomar as decisões comerciais correctas para diferentes tipos de segmentos de clientes e segmentos de mercado. A análise também ajuda o proprietário a conduzir o cliente no sentido de embarcar na viagem de uma transação para a satisfação do cliente, depois para a satisfação do cliente e, finalmente, para o êxtase do cliente, construindo o modelo de negócio necessário e construindo a credibilidade do estabelecimento no mercado. Em geral, as características da análise de clientes incluem o seguinte:

- Gestão de contactos

- Base de dados centralizada

- Gestão de encomendas

- Segmentação do mercado e

- Gestão eficaz das queixas

Lead Management[22] :

A gestão de oportunidades é o processo pelo qual o marketing adquire, avalia, alimenta e entrega oportunidades à equipa de vendas. Muitas empresas não dispõem de normas para gerir corretamente os contactos, pelo que é difícil e moroso separar os compradores genuínos dos que apenas andam a bisbilhotar. Os departamentos de vendas recebem frequentemente contactos fracos, desperdiçando mais tempo e, em última análise, diminuindo as receitas. De facto, de acordo com a Gleanster Research, apenas 25% dos contactos num determinado pipeline de vendas são prospectos legítimos. As empresas podem melhorar significativamente o seu pipeline de vendas através do desenvolvimento de estratégias de gestão de potenciais clientes que incorporem a nutrição de potenciais clientes, a pontuação de potenciais clientes e a automatização do marketing. O conflito que existe sempre é a definição de um potencial cliente qualificado. As equipas de vendas e de marketing trabalham em conjunto para clarificar o que é um lead. Uma vez finalizada a abordagem, são estabelecidos procedimentos e sistemas para aplicar os critérios definidos, a recolha de dados e as medições contínuas irão melhorar a definição ao longo do tempo. De acordo com um inquérito da Customer Think, "Sessenta e cinco por cento das melhores empresas da sua classe definem e executam processos de nutrição de leads em várias etapas e 59% dessas mesmas organizações (contra uma média da indústria de 25%) utilizam a pontuação de leads para fazer progredir os leads ao longo do tempo." Os modelos de qualificação ou de pontuação dos clientes potenciais são criados e os dados dos clientes potenciais são analisados. A melhor pontuação depende dos dados que a suportam. É necessário ter cuidado ao classificar os leads. Deve abranger todos os parâmetros disponíveis, como dados demográficos, etc. A análise é a espinha dorsal da pontuação de leads. Há muitos softwares que permitem fazer ou executar o modelo de pontuação. A automatização ajuda no processo devido ao grande volume de registos que entram para a pontuação de leads.

Base de dados centralizada[23] :

Todas as empresas de média e grande dimensão têm um número de contactos que varia entre alguns milhares e algo como um número de sete dígitos. Mais importante ainda, são capturados a partir de diferentes áreas geográficas e demográficas e são agrupados para fazer a modelação analítica com os mesmos. É extremamente importante ter uma visão completa dos dados para que as oportunidades de otimização possam ser descobertas e aproveitadas em benefício da organização. A base de dados centralizada, no verdadeiro sentido, é uma base de dados de estudos de mercado onde são armazenados todos os parâmetros relevantes necessários para a pontuação de uma pista. Inclui não só o armazenamento, mas também um ambiente pesquisável para seguir pistas, eventos de tarefas, chamadas, e-mails de saída e notas criadas. Bons dados são fundamentais para o sucesso do mercado e a forma como os dados são geridos define a qualidade da pista. Em primeiro lugar, uma base de dados centralizada permite que a organização efectue as seguintes tarefas:

- Qualificar melhor os potenciais clientes para analisar as oportunidades de conversão em vendas.
- Melhor orientação das campanhas para que a comunicação pretendida chegue aos potenciais clientes certos.
- Dados de qualidade para garantir a disponibilidade de um registo dourado por prospeto para visar um indivíduo.
- Poupa o custo de perseguir uma pista não qualificada e os esforços para trabalhar sobre a mesma.

- Visão simplificada das matrizes construídas para determinar o sucesso de uma campanha de marketing.
- Acompanhamento de ponta a ponta ou do ciclo de vida do potencial cliente, ou seja, da génese à transação.

A construção e o desenvolvimento da estrutura da base de dados de acordo com os critérios de qualificação definidos é a parte mais importante e mais difícil. Uma vez concluído, o perfil do cliente pode ser trabalhado de forma a incluir as informações periféricas que, na realidade, não estão relacionadas com a qualificação dos clientes potenciais, mas que são úteis para conhecer e apoiar o processo de vendas posterior. Poderá ser uma informação vital para a organização manter o potencial cliente certo ligado e interessado. Uma vez criada a base de dados, é implementado o nível de gestão do processo comercial. Esta camada é responsável pela extração, fusão e comunicação de todas as informações importantes e cruciais para os diferentes programas de marketing, a fim de avaliar o potencial de compra.

Assim que a base de dados estiver pronta, deve ser utilizada extensivamente para a classificação de oportunidades e para melhorar o desempenho dos programas de marketing direccionados. Geralmente, isto é feito através da segmentação do mercado e da definição de prioridades das pistas a seguir com base no potencial avaliado das mesmas. Trata-se de uma atividade contínua na fase posterior, em que são feitos mais refinamentos ao longo do tempo, dependendo dos novos esquemas ou produtos a introduzir no mercado.

Gestão de encomendas[24] :

O processo de aceitação, organização, gestão e satisfação de um pedido de compra com a ajuda de um inventário planeado é definido como um processo de gestão de encomendas. Trata-se de um processo fundamental para acompanhar as encomendas e alinhar as pessoas, os processos e os recursos para as satisfazer. A gestão de encomendas compreende todas as actividades que o vendedor realiza para fechar uma encomenda efectuada pelo cliente. Implica não só manter um registo das encomendas em si, mas também gerir os dados relativos ao cliente em termos do seu historial de encomendas anteriores, do pagamento atempado e do volume encomendado pelo cliente. Normalmente, se o software de gestão de encomendas estiver instalado numa empresa, existem várias funções executadas pelo software em simultâneo. As etapas incluem a sequenciação das encomendas de acordo com o FIFO (First in First Out), a comparação da encomenda com as existências detidas e o crédito disponível do cliente (no caso de condições de pagamento antecipado) e o bloqueio da quantidade mínima de acordo com as existências ou o crédito disponível para a encomenda. Os processos seguintes, como o picking, a embalagem, o carregamento, etc., ocorrem mais tarde
Os elementos essenciais do processo são:

- A pessoa que efectua a encomenda, a recebe e a paga é designada por Cliente
- Armazém que transporta o inventário para preencher a encomenda
- Fornecedores/fornecedores que são responsáveis pela entrega de peças quando encomendadas e quando as existências se esgotam
- Prestador de serviços de logística, ou seja, fornecedor de expedição cuja única responsabilidade é entregar o stock e satisfazer a encomenda do cliente.
- Departamentos como contas a receber, contas a pagar e contabilidade geral que geram facturas e aceitam pagamentos, as funções de back office.

Segmentação do mercado[25] :

O processo de bifurcação de uma população maior e de divisão de uma unidade em secções mais pequenas, de modo a que todos os indivíduos da secção possuam as mesmas características.

As construções vitais da segmentação do mercado são:

Um conceito de marketing que divide o conjunto completo do mercado em subconjuntos mais pequenos, constituídos por consumidores com gostos, exigências e preferências semelhantes.

Um segmento é um subconjunto da população total composto por pessoas que apresentam o mesmo conjunto de características.

Um segmento de mercado é totalmente distinto do outro segmento.

O processo de pensamento dos indivíduos de um segmento é semelhante.

Os indivíduos do mesmo segmento reagem de forma semelhante às flutuações do mercado.

A segmentação do mercado pode ser efectuada na seguinte base:

a. Género: Os dois géneros registam respostas diferentes aos diferentes estímulos do mercado. As organizações precisam de ter estratégias diferentes para ambos os géneros. Observa-se também uma diferenciação nas preferências de marca, mesmo

quando a compra é efectuada entre os dois géneros.
b. Ocupação: Um grupo de profissões pode significar uma diferenciação entre os assalariados e os empresários.
c. Grupo etário: Este é um grupo lógico em que os requisitos diferem consoante a idade de um indivíduo.
d. Grupo de rendimentos: Esta seria provavelmente uma das segmentações mais importantes para a organização, pois permite o abastecimento ou a manutenção de stocks. Este grupo decide as marcas e o custo dos produtos a serem vendidos em diferentes bolsas. Os exemplos deste grupo seriam o grupo de rendimento alto, o grupo de rendimento médio e o grupo de rendimento baixo.
e. Estado civil: Este grupo é relevante para algumas marcas. Para além das marcas, é também relevante em áreas como as viagens, onde os pacotes de férias oferecidos podem ser diferentes.
Efetivamente, os tipos de segmentação do mercado são:

Segmentação psicográfica

O estilo de vida dos indivíduos é utilizado para segmentar o mercado. A atitude, o interesse e o valor do indivíduo ajudam os profissionais de marketing a classificá-los em pequenos grupos.

Segmentação comportamental

Cada grupo é composto por indivíduos leais a uma determinada marca. A fidelidade dos clientes a uma determinada marca é considerada para a segmentação.

Segmentação geográfica

Um comerciante não pode adotar estratégias semelhantes para indivíduos que vivem em locais diferentes. A segmentação geográfica refere-se à classificação do mercado em várias áreas geográficas.
por exemplo:
A Nestlé promove o Nescafé durante todo o ano nos Estados frios do país, em comparação com os locais que têm estações de verão e de inverno bem definidas.

A McDonald's na Índia não vende produtos à base de carne de bovino, uma vez que é estritamente contra as crenças religiosas dos seus compatriotas, enquanto a McDonald's nos EUA vende e promove livremente produtos à base de carne de bovino.

Gestão eficaz das queixas [26]:

Uma queixa é uma expressão de insatisfação, que é apresentada a uma organização pela qualidade degradada ou insatisfeita de um produto ou serviço pelo consumidor do produto ou serviço com a intenção implícita de receber uma resposta. De acordo com um estudo de mercado, no máximo 37% dos clientes apresentam uma queixa à organização. Os restantes não se queixam por diferentes razões, que podem ser
-Não sabem onde se dirigir e como apresentar queixa
-Acham que o seu tempo e esforço não valem a pena.
- Não estão confiantes de que será ouvida.

As queixas mais comuns prendem-se com os seguintes motivos:

-Produto com preço excessivo
-Falta de informação adequada
-Atraso na resposta da organização.
-Pouco serviço ao cliente

As organizações devem tratar as queixas como presentes pelas seguintes razões
- Obtêm-no gratuitamente
- São uma surpresa
- Se forem tratados com cuidado, são a chave para a felicidade do cliente.
-Existe uma comunicação direta com o cliente que é gratuita.
-Não é necessário realizar um estudo de mercado, uma vez que a organização fica a conhecer diretamente o mercado.
a voz e as expectativas dos clientes.

A nível da organização, tem de existir um sistema eficaz de gestão de reclamações que deve ter alguns processos mínimos de base:
Confirmar a receção da reclamação: É muito importante que existam sistemas para registar e acusar a receção de uma queixa do cliente. De preferência, deve existir um número de referência, que deve ser atribuído às queixas apresentadas pelo cliente, para que possa ser remetido para qualquer correspondência posterior.

Registo exato das informações sobre a reclamação e sua correspondência: É crucial registar a reclamação exatamente da mesma forma e com o mesmo significado que a intenção do cliente. Uma vez que é armazenada numa base de dados central, deve poder ser acedida em qualquer lugar e em qualquer agência que o cliente pretenda visitar.

Anexar os acordos de nível de serviço às reclamações: A organização precisa de ter um calendário-alvo ou tempo de resposta (TAT) para o tipo de queixas apresentadas pelos clientes.

Comunicação: A transparência tem de ser exercida em todas as comunicações ao cliente, bem como internamente ao pessoal que está a tratar as queixas. A clareza dos procedimentos deve ser assegurada em ambos os lados para que não haja ambiguidade. Algumas das estatísticas importantes reveladas por um estudo de mercado efectuado são: a. Normalmente, um cliente insatisfeito pode informar @ 8 - 10 outros clientes sobre a sua experiência.
b. São necessárias 12 respostas positivas para compensar uma resposta negativa.
c. 7 em cada 10 clientes voltarão a fazer negócio com a organização se as suas reclamações forem resolvidas de forma adequada.
d. Atrair um novo cliente custa 6 vezes mais do que reter um cliente atual.
e. A fidelidade do cliente vale 10 vezes o preço de uma única compra

Assim, uma gestão eficaz dos clientes é vital para que as empresas sobrevivam e se mantenham num cenário de mercado sempre desafiante. As organizações precisam de ser consistentes nas suas respostas e de recolher o maior número possível de respostas, uma vez que isso permitirá afinar ainda mais as entregas de acordo com as expectativas dos clientes.
A conversão da informação em conhecimento é o passo seguinte, em que a definição

de conhecimento é "informação combinada com experiência, contexto, interpretação e reflexão". Os conhecimentos adquiridos e a interpretação dos mesmos para a tomada de decisões empresariais sensatas dependem enormemente da qualidade dos conhecimentos possuídos por um indivíduo. Para que os conhecimentos sejam relevantes para as estratégias e objectivos comerciais existentes de uma organização, é igualmente importante analisar os dados actuais existentes e os dados anteriores para comparação. Embora, em grande medida, os dados do passado sejam utilizados para gerar tendências úteis e significativas, os dados do mês atual dariam uma visão imediata da relevância das correlações e ajudariam a tomar decisões rápidas[27]]. A recolha de dados em tempo real através de dispositivos de deteção inteligentes, que são imprevisíveis, e a tomada de decisões estratégicas e alinhadas com os objectivos das empresas constituem um domínio promissor da aplicação analítica da IoT[28]]. Não existe uma caixa negra ou uma resposta direta à questão de saber quais os dados a avaliar para chegar a um modelo correto de tomada de decisões empresariais. O estudo assume a tarefa de construir o Modelo de Tomada de Decisão utilizando a Análise Empresarial nos dados recolhidos a partir de dispositivos IoT (Big Data) para ajudar a alcançar os objectivos empresariais e, por sua vez, os objectivos organizacionais. Nas secções seguintes, avaliaremos duas áreas mais importantes, mantendo o nosso foco de fora para dentro. A primeira é a Gestão da Procura do Cliente e a segunda a Gestão de Inventário para satisfazer a procura do cliente com a ajuda de dados em tempo real recolhidos a partir de dispositivos IoT.

3. Gestão da procura dos clientes

Introdução:

A definição clássica de cliente é "Uma pessoa, empresa ou outra entidade que compra bens e serviços produzidos por outra pessoa, empresa ou outra entidade". Durante a época em que era um mercado de vendedores, a definição acima era verdadeira. No entanto, atualmente o mercado é dominado pelos clientes, que esperam serviços personalizados e atenção pessoal. Os clientes estão a definir o que o vendedor deve vender e, por sua vez, o que o fabricante deve produzir. Esta é uma mudança de paradigma completa, que resultou no nascimento do conceito de CRM. Atualmente, a quota de mercado é dominada não só pelas preferências dos clientes, mas também pelas suas percepções, que têm impacto na decisão de compra. Devido às diferentes alternativas disponíveis no mercado e à concorrência feroz entre os vendedores, a procura dos clientes tornou-se volátil. Os fabricantes têm de ser ágeis para registar primeiro a alteração da procura e ajustar a cadeia de abastecimento em conformidade, de modo a que o produto certo seja disponibilizado ao cliente no local certo e ao preço certo.

As organizações estão a envidar esforços substanciais para compreender as necessidades dos clientes e, subsequentemente, alinhá-las com os objectivos organizacionais para alcançar uma vantagem competitiva sobre os seus concorrentes [29]. Assim, torna-se vital para as organizações disponibilizarem os seus bens e serviços no local, tempo e preço mais adequados [30]. A cadeia de abastecimento desempenha um papel fundamental na consecução deste objetivo organizacional. A cadeia de abastecimento, um termo utilizado na logística, trata de todo o movimento da matéria-prima desde o primeiro fornecedor através da cadeia de fornecedores e, finalmente, termina com o produto acabado a chegar ao consumidor. A cadeia de abastecimento liga fundamentalmente os fornecedores, as organizações e os clientes/consumidores, podendo as actividades ser realizadas dentro ou fora das organizações. A cadeia de abastecimento gera valor em toda a cadeia, disponibilizando produtos e prestando serviços ao cliente/consumidor final [31]. O cliente/consumidor final suscita a procura de bens para a ativação do fornecimento. A procura é o desejo expresso pelo consumidor de querer um produto, apoiado por uma vontade de pagar pelo produto [32]. É imperativo que a cadeia de abastecimento comece com a procura e que os fornecimentos em relação à mesma dependam do tempo de resposta em cada etapa. Por conseguinte, torna-se crucial que a procura seja transmitida através da cadeia de abastecimento o mais rapidamente possível.

Atualmente, o meio mais rápido disponível para transferir informações é a Internet, que é um sistema de rede mundial. Em 2016, havia cerca de 3,5 mil milhões de utilizadores da Internet em todo o mundo, o que significa que cerca de 45% da população mundial tinha acesso à Internet no mesmo ano. A velocidade média global da Internet era de 6,1 Mbps nesse ano[33] . Estes números favoráveis deram um impulso substancial ao número de dispositivos ligados à Internet. Estes dispositivos, normalmente designados por sensores, desempenham o papel de registar os dados no local de instalação. Esta mudança de paradigma na forma como os sensores se ligam através da Internet deu origem ao conceito de IoT[34] . A IdC inclui fundamentalmente uma rede mundial na qual os dispositivos chamados sensores se interligam entre si com identificadores únicos e a sua tarefa é recolher dados. Estes dados transmitidos pela Internet são armazenados numa base de dados. Diferentes modelos de negócio ajudam a resolver diferentes problemas empresariais. A previsão da procura e a gestão das existências são alguns exemplos. A previsão da procura é fundamentalmente a previsão da procura com base nos padrões de consumo passados e nas tendências actuais[35] .

Previsão da procura:

Fundamentalmente, a previsão consiste em prever a ocorrência de qualquer atividade antes de esta se concretizar[36] . As previsões regem a tomada de decisões de gestão, que se torna operacional no futuro[37] . São efectuadas previsões contínuas e, com o tempo, a exatidão das previsões é medida e calibrada. As previsões são corrigidas se necessário e, por vezes, as decisões são ajustadas/alteradas para se adequarem às necessidades da empresa. Os métodos de previsão são fundamentalmente classificados em dois tipos: o primeiro é o tipo qualitativo/julgamento e o segundo é o tipo quantitativo[38] . A escolha vital do tipo de previsão a utilizar pelo gestor de uma organização depende da exatidão da previsão. Os métodos qualitativos de previsão incluem a inteligência e a experiência colectivas dos indivíduos que, em conjunto, prevêem o resultado de um acontecimento[39] . Este método é geralmente utilizado quando não existem dados suficientes para fazer previsões ou quando os dados variáveis não podem ser diretamente integrados num modelo numérico. O tipo quantitativo de previsão utiliza a análise estatística dos dados do passado para prever o futuro, ou seja, o chamado método das séries cronológicas, ou utiliza a análise estatística para descobrir a relação causal entre a variável independente e a variável dependente, ou seja, o chamado método de projeção de tendências[40] .

Método de Previsão de Séries Temporais: A série cronológica é uma coleção de dados recolhidos sequencialmente durante um determinado período de tempo[41] . O objetivo do método de previsão das séries cronológicas é prever os valores futuros da série. A variação da série ao longo do tempo é designada por "tendência". As causas que afectam as variáveis são desconhecidas numa série cronológica; em vez disso, examinamos o comportamento passado dos dados para prever o comportamento futuro[42] . A análise de séries cronológicas é composta por duas etapas.

1. Construir um modelo que represente a série temporal
2. Utilizar o modelo para prever o futuro [43]

Exemplos de dados de séries temporais incluem dados de expedição recolhidos numa base horária, dados de vendas recolhidos numa base diária ou a temperatura de uma área medida diariamente à uma hora. A representação da previsão de séries cronológicas é apresentada na figura[44] .

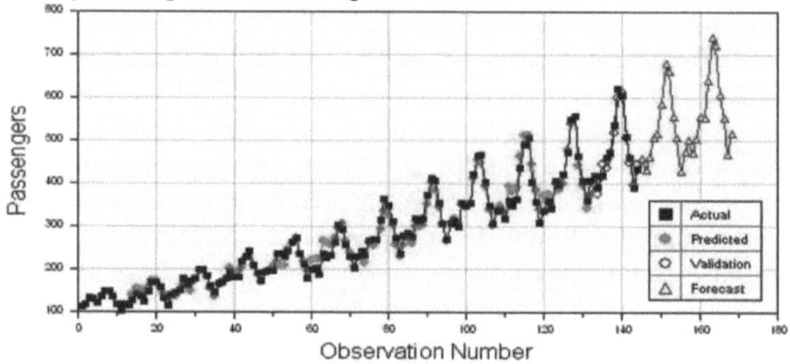

Fig 4: Série cronológica do valor do Passageiro.

Convencionalmente, existem dois tipos de dados recolhidos numa série cronológica, contínuos e discretos. Os dados contínuos consistem em observações recolhidas num traço sem descontinuidade, como uma onda de ECG, enquanto os dados discretos incluem observações recolhidas em intervalos periódicos definidos, como a temperatura medida numa base horária[45] . Estão disponíveis diferentes tipos de métodos, como a média simples, a média ponderada ou a média móvel ponderada, para obter os próximos valores previstos com base nos dados recolhidos[43] .

Método Causal de Previsão: O método causal refere-se ao estudo de um dado, que se relaciona com outra variável de interesse, e à utilização do mesmo para a previsão[46] . A construção de um modelo estatístico que represente a melhor relação entre o dependente e o independente é o objetivo fundamental do método de previsão causal[47] . É utilizado para estabelecer a relação de causa e efeito entre a variável dependente e a variável ou variáveis independentes. Existem dois pré-requisitos para utilizar o método de previsão causal.

a. As variáveis dependentes e independentes precisam de ter uma relação entre si.

b. Os valores das variáveis independentes não podem ser conhecidos[46] .

Este método utiliza a técnica de regressão linear, sendo a mais fastidiosa e rigorosa a análise de regressão multi-variável[46] . Os pontos de dados são representados num gráfico como um gráfico de dispersão com a variável de previsão no eixo Y e o tempo no eixo X[48] . De acordo com a metodologia, é traçada uma linha reta através de todos os pontos de dados, de modo a que a linha se aproxime de todos os pontos de dados[48] . Isto resulta numa equação linear, ou seja, $y = mx + c$ ou o modelo, em que x representa o valor do tempo no eixo x e y é o parâmetro previsto. Os valores de "m", ou seja, o declive, e de "c", ou seja, a constante, são calculados e substituídos na equação/modelo[48] . Assim, para diferentes valores da variável "x", é-nos possível prever o resultado "y"[48] . Num método causal, quando apenas está envolvida uma única variável dependente, trata-se de uma equação de regressão simples. No entanto, na equação de regressão múltipla, mais do que uma variável dependente está presente na equação[48] . Exemplos de métodos causais incluem o impacto na venda de guarda-chuvas, observando os padrões climáticos, ou a alteração na venda de t-shirts de críquete, dependendo da época dos jogos de críquete, etc.

A figura indica o modelo de tendência linear em que o valor da variável "Y" é previsto para os diferentes valores da variável de série temporal "t" com a equação do modelo Y = 10,2889 + 0,25861 t[49] .

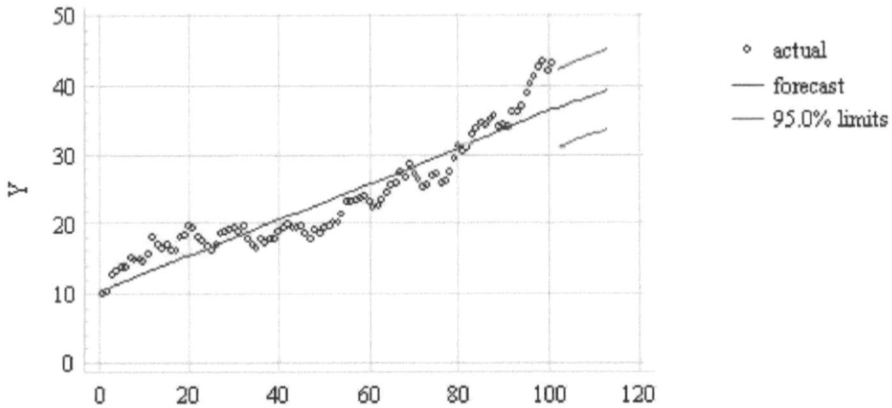

Fig 5: Valor previsto de Y em relação a diferentes valores da variável tempo - "t".

Recolha de dados e sua automatização com a IoT:

Existem dois tipos de dados utilizados na Previsão: a. Dados Primários b. Dados Secundários.

Os dados primários referem-se aos dados que são recolhidos pela primeira vez junto dos inquiridos ou dispositivos e que não têm qualquer existência anterior. Os dados secundários são dados recolhidos anteriormente e têm aplicabilidade no cenário atual[50] . A recolha de dados é frequentemente muito dispendiosa. Por outro lado, são necessários dados fiáveis para verificar um modelo quantitativo. A recolha de dados pode incluir a observação e o registo de dados complexos e multidireccionais. O registo manual de dados sofre, na maior parte das vezes, de erros de registo e de parcialidade, pelo que a recolha automática de dados ganhou maior importância e aceitação[51] .

Existem sensores (objectos físicos) colocados nos pontos de recolha de dados com identificadores únicos que funcionam de forma colaborativa e interligada e transmitem os dados através da Internet para um repositório central para permitir análises significativas. Isto define a Internet das Coisas utilizada para a recolha de dados. A IdC é fundamentalmente a próxima geração de comunicação através da Internet, constituída por triliões de nós, que representam os dispositivos inteligentes, ou seja, sensores, grandes servidores Web e clusters de computação extremamente poderosos[52] . A IdC torna-se cada vez mais interessante quando observamos que uma combinação de peças eléctricas e mecânicas começa a comportar-se de forma inteligente, juntamente com o hardware, o software, os sensores, o armazenamento de dados e a ligação através de uma rede global. Nas últimas cinco décadas, assistimos ao crescimento substancial da Internet, iniciada por uma micro-rede e transformada numa macro-rede global. Nos últimos anos, milhares de milhões de coisas foram ligadas globalmente devido a esta evolução[10] . O rápido desenvolvimento a que os sistemas IoT foram sujeitos faz com que os dispositivos inteligentes interajam eficazmente entre si no ecossistema e gerem dados em tempo real, que podem ser introduzidos em qualquer aplicação[53] . O enorme potencial é libertado devido ao avanço das tecnologias IoT, em que os objectos físicos comuns podem ser ligados, monitorizados e geridos por um único sistema[54] . Os dados gerados pelos sistemas IoT estão a um ritmo acelerado e, por conseguinte, surge a necessidade de um processamento de elevado débito, o que pode ser um dos desafios a enfrentar com os sistemas IoT.

Benefícios da utilização de dados loT na previsão da procura[104] :

Os dados desempenham um papel crucial no método quantitativo de previsão. Se considerarmos a previsão de séries cronológicas, os dados recolhidos no passado ajudam a determinar as tendências futuras. Já no caso do método causal de previsão, os dados são recolhidos para a variável independente, a fim de determinar os valores da variável dependente utilizando o modelo de previsão. O tipo de dados utilizados em ambos os métodos acima referidos são, na sua maioria, dados primários. Os dados primários devem ser recolhidos de forma imparcial e com um erro mínimo. A utilização de dados em tempo real em modelos analíticos para a previsão da procura permite-nos obter as seguintes vantagens

Agilidade: Os dados em tempo real permitem que os gestores façam correcções na tomada de decisões em função dos resultados da previsão, evitando mais perdas para a organização. As informações em tempo real sobre os erros de previsão facilitam a reação rápida das organizações para atenuar os efeitos de um problema operacional[55]
.

Vantagem estratégica: Os mercados são dinâmicos por natureza. A única maneira de se manter um passo à frente da concorrência é ser notificado instantaneamente sobre as mudanças nos cenários de mercado e mudar a estratégia para alinhar[56] .

Aumento **das receitas**: O serviço melhora drasticamente quando a procura do cliente é monitorizada e respondida de forma proactiva. As falhas previstas e atendidas a tempo aumentam consideravelmente as receitas da organização. A obtenção de melhores conhecimentos em tempo real também conduz a melhores receitas[57] .

Poupança de custos: Com os dados em tempo real, não há tempo de espera para os gestores, o que também resulta na libertação dos recursos anteriormente afectados à recolha de dados e à resposta aos clientes[56] .
Exatidão e relevância: A exatidão do modelo de previsão aumenta devido ao ajuste fino contínuo que ocorre com a utilização de dados em tempo real para prever o futuro. Isto também se encarrega da faceta de relevância da previsão com a tendência atual, tornando-a mais eficaz para a tomada de decisões[56] .

Quando os modelos de previsão são desenvolvidos, as decisões sobre o modelo alternativo são tomadas com base nos dados históricos mais recentes disponíveis. As previsões alternativas são analisadas gerando os resultados e comparando os erros de previsão resultantes. A comparação é também alargada à previsão gerada com base nos dados em tempo real. Isto dá dois tipos de vantagens[58] : 1. O modelo pode ser construído com base em dados mais ricos e 2. A revisão dos dados pode ser efectuada ao longo do tempo

A dinâmica do mercado está a mudar a um ritmo acelerado. Para que as organizações sobrevivam, é fundamental que se adaptem a estas mudanças com agilidade. É importante que os gestores estejam equipados com previsões exactas para uma melhor tomada de decisões. O estudo da literatura de investigação atual revela que a precisão das previsões aumenta com a utilização de dados em tempo real recolhidos automaticamente pelos sistemas IoT. Com 3,5 mil milhões de utilizadores a utilizar a Internet num único ano a uma velocidade média de 6,1 Mbps[33] , esta torna-se um dos meios mais importantes de intercâmbio de dados em tempo real. As previsões exactas facilitam às empresas a obtenção e a manutenção da sua posição estratégica no mercado. As organizações são ajudadas com os factos para fazerem as mudanças necessárias nas estratégias para mitigar os riscos do mercado. A literatura de investigação revela ainda um aumento das receitas e uma redução dos custos para as organizações que adoptaram os dados IoT[10] , ou seja, dados em tempo real para a previsão da procura. A melhoria da capacidade de serviço devido a previsões exactas pode ajudar as empresas a alcançar uma maior satisfação do cliente. Assim que a previsão da procura do cliente estiver concluída com um nível de precisão definido, surge a necessidade de um sistema de gestão de inventário igualmente ágil. Este sistema destina-se exclusivamente a ter em conta a volatilidade da procura e a garantir uma maior taxa de satisfação da procura colocada pelos clientes. Na secção seguinte, abordamos a próxima ligação crítica, ou seja, a gestão do inventário com dados em tempo real introduzidos no sistema com a ajuda da IoT. Este é profundamente o próximo elo mais importante para servir o cliente e ser capaz de o reter.

4. Gestão do inventário e inventário gerido pelo fornecedor

A concorrência entre os fabricantes é feroz em termos de cadeia de abastecimento e, em parte, o êxito do modelo empresarial depende do volume de existências detidas. O inventário é o stock de bens ou materiais detidos por qualquer empresa para efeitos de serviço ou revenda aos clientes. O inventário é o maior e mais importante ativo de uma organização. A gestão do inventário desde o ponto de entrada até ao ponto de saída numa organização é designada por Gestão de Inventário. Trata-se de uma disciplina sobre o armazenamento físico, o empilhamento e a colocação de mercadorias de modo a que todos os clientes sejam rapidamente servidos e o espaço físico seja utilizado de forma óptima. É crucial armazenar a quantidade certa de inventário. Se não for feito de forma criteriosa, pode resultar num excesso de inventário ou numa situação de rutura de stock para a organização. Isto serve como um ato de equilíbrio entre a concentração na otimização ou minimização dos custos operacionais e a maximização dos lucros[59] . A compra de bens é apenas o início e diz-se que o inventário custa em cada fase. O que significa que não é apenas o custo das mercadorias que entra no cálculo, mas que, durante o armazenamento, é o custo de transporte das existências que é acrescentado. Para além disso, para gerir o inventário, a organização tem de gastar o custo de gestão do inventário. Assim, no caso de a organização ter uma situação de excesso de inventário, não é apenas o custo que é pago ao fornecedor, mas há outros custos associados e muito maiores. Assim, o conceito de quantidade económica de encomenda é vital na gestão de inventário. A quantidade de encomenda económica é o número de unidades que uma empresa deve acrescentar ao seu inventário e tem um cálculo normalizado, ou seja
Quando D - custo fixo por ano, K-procura em unidades por ano & H - custo de transporte por unidade por ano

Depois $EOQ = \sqrt{2DK/H}$

O EOQ define o nível de inventário de uma organização, mas a próxima questão fundamental que está ligada à gestão de inventário é quando encomendar. O ponto de encomenda (ROP) decide-o. O que significa que, enquanto o EOQ define "Qual é o nível de inventário", o ROP define "Quando encomendar stock". Para calcular o ponto de reabastecimento, são tidos em conta os seguintes factores
- O tempo de recolha das mercadorias - O tempo de embalagem das mercadorias
- O prazo de entrega das mercadorias após a encomenda.

Existe um outro conceito muito importante, que tem influência na gestão global das existências. É o chamado "stock de segurança", que equivale às existências detidas pela organização para satisfazer encomendas extremamente urgentes e críticas. O stock de segurança é o stock de emergência necessário para fazer face a ocorrências inesperadas. Este nível de existências é definido para fazer face a uma situação de rutura de existências e para fazer face a uma situação de emergência para as encomendas a satisfazer pelo fornecedor.

Ponto de reabastecimento = {Tempo de espera X Utilização média diária} + Estoque de segurança.
Enquanto o stock de segurança = {Utilização máxima diária X Tempo de ciclo de produção máximo em dias} - {Utilização média diária X Tempo de ciclo de produção médio em dias}
Uma má gestão de stocks pode arruinar qualquer empresa. Em última análise, tudo se resume a satisfazer as encomendas dos clientes e, por outro lado, otimizar o inventário. O inventário de gestão de fornecedores é uma técnica que pode ser útil para sair desta situação com a vantagem adicional de melhorar os fluxos de caixa.

Fundamentalmente, o inventário gerido pelo fornecedor (VMI) é um complemento da gestão de inventário, também conhecido por vezes como inventário em consignação, que evoluiu ao longo de um período. A figura mostra a evolução da gestão do inventário [60]

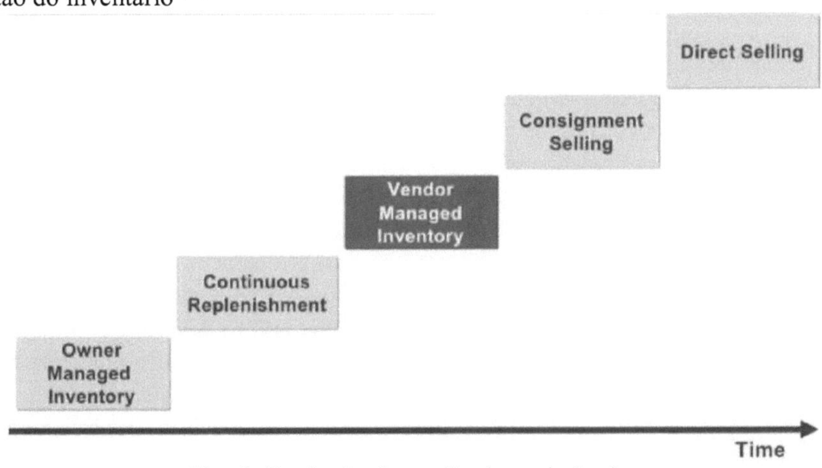

Fig. 6: Evolução da gestão das existências.

A VMI diz respeito a uma prática comercial em que os vendedores controlam e reabastecem as existências dos seus distribuidores a níveis adequados, tal como acordado com o distribuidor[59] . A VMI é uma técnica em que o vendedor/fabricante é responsável pela otimização do inventário detido pelo distribuidor[61] . Aparentemente, isto significa que o distribuidor não precisa de fazer encomendas ao fornecedor, enquanto a sua atividade principal continua a ser a venda e o serviço aos clientes.

Existem alguns problemas clássicos de inventário com que qualquer organização se depara quando presta serviços ou vende aos clientes. O problema é: quanto produzir? O que produzir? A VMI é significativamente melhor para responder à volatilidade da procura dos clientes devido a qualquer variação dos parâmetros internos ou externos[62]. Em primeiro lugar, a VMI constrói uma plataforma de colaboração entre o fabricante/fornecedor e o distribuidor para responder à procura variável com maior agilidade. A VMI difere profundamente dos sistemas convencionais de gestão de inventários nos seguintes aspectos

a. É um sistema de reabastecimento pull em vez de um sistema push[63].
b. O fornecedor é responsável pelo inventário detido pelo distribuidor[63].
c. Existe um âmbito de colaboração acordado[63].
d. A norma de inventário é definida e acordada entre o fornecedor e o distribuidor.
e. Trata-se de um âmbito de aplicação a curto prazo, que está congelado e não há nenhuma ordem de compra a longo prazo para o fornecedor[63].
f. O fornecedor tem a visibilidade do inventário no final do distribuidor.
g. Uma vez que não se trata de uma ordem de compra ou de trabalho a longo prazo, existe um objetivo nível de inventário que é acordado[63].

Uma vez que a VMI funciona numa plataforma de colaboração, a partilha de informações torna-se extremamente vital. É muito importante fazer um curto-circuito no fluxo de informações entre os pontos de consumo e o fornecedor. O êxito depende exclusivamente da coordenação entre o vendedor e o cliente, independentemente da sua eficácia operacional independente. Para tal, é indubitavelmente necessário utilizar o meio de comunicação mais rápido, ou seja, a Internet. Ao longo dos anos, a Internet surgiu como o canal potencial de recolha, armazenamento e transmissão de informações através da Web. Isto tornou-se possível devido às inovações que ocorreram no domínio das tecnologias da informação (TI)[64]. A revolução influenciou a indústria de uma forma positiva e colaborativa, uma vez que a informação foi transferida entre as organizações e os seus fornecedores[64]. Atualmente, a Internet é o meio mais rápido e fiável de partilhar informações numa cadeia de abastecimento, o que resulta numa tomada de decisões eficaz e ágil[64].

Objetivo da Aliança Estratégica através da VMI:

Distribuidor:

a. Maior nível de serviço ao consumidor[65]
b. Custos de inventário mais baixos[65]
c. Maximizar a disponibilidade, a fim de maximizar as receitas das vendas e também a quota de mercado d. Responder à procura volátil dos clientes

Vendedor:

a. Nível ótimo de produção

b. Redução do nível de stocks
c. Custo de transporte abreviado
Objetivo comum:
a. Melhor colaboração entre parceiros[66]
b. Cadeia de abastecimento ágil[66]
c. Redução do efeito "chicote" do touro [66]

Quadro de informação VMI:

Fluxo de informação VMI tradicional:

O fluxo de informação VMI tradicional consiste numa transferência de dados de stock em lote entre o distribuidor e o fornecedor[67] . Com base nestas informações, o fornecedor efectua a previsão das necessidades de peças e formaliza o plano de produção. Esta estrutura é válida quando o produto goza de um monopólio no mercado e o cliente está disposto a investir durante um período. Também suporta um estado estático e constante da procura. Em todas as outras situações, o modo descontínuo não teria a flexibilidade necessária para acomodar a volatilidade da procura e resultaria numa previsão incorrecta[67] . Além disso, a maior parte da informação neste quadro é unilateral e flui do distribuidor para o vendedor[67] . Não há qualquer comunicação ao distribuidor sobre os planos do vendedor, pelo que pode resultar na acumulação de existências obsoletas de ambos os lados.

Fluxo de informação VMI com o quadro IoT:

Está provado que a aplicação de um sistema VMI reduz os custos de manutenção de existências e, por outro lado, melhora o desempenho da cadeia de abastecimento, aumentando a satisfação dos clientes. O intercâmbio de dados que tem lugar entre o vendedor e o distribuidor inclui informações sobre as existências, dados de vendas, estado das encomendas, previsões, capacidades e matrizes de desempenho assinadas com o vendedor[67] . O fluxo é bidirecional em comparação com o fluxo de informação tradicional e, por conseguinte, exige uma colaboração alargada e dados em tempo real[67] . É humanamente impossível recolher estes dados manualmente e, por isso, sistemas como a IdC vêm em socorro. A IdC, enquanto conjunto de dispositivos, comunica e transfere dados através da rede e tem essencialmente alguma capacidade computacional com sensores incorporados[68] . Num sistema VMI, o fluxo de informação é enorme e complexo, com ligações multidireccionais entre o vendedor e o distribuidor. As informações em tempo real ajudam a monitorizar a cadeia de abastecimento de forma eficaz e a transmitir informações excepcionais em toda a cadeia[67] . Estas transmissões são úteis para a tomada rápida de decisões e para alinhar a previsão com a volatilidade observada. Também ajudam a criar transparência e disponibilidade, melhorando o nível de coordenação na cadeia de abastecimento[67] . Além disso, os dados recolhidos a partir dos dispositivos IoT sobre o movimento de peças ajudam o fornecedor a categorizar o inventário em rápido, lento e sem movimento (FSN). A análise FSN ajuda a reduzir os custos de manutenção do inventário e, ao mesmo tempo, assegura a cobertura das encomendas para que não sejam comunicadas faltas[69] . As peças que são necessárias com frequência são designadas por "de movimento rápido", enquanto que, por outro lado, a necessidade não frequente de peças as coloca na categoria "de movimento lento". As peças que não são consumidas com frequência são designadas por peças "não móveis"[69] . Por conseguinte, é imperativo concentrar-se mais na categoria de movimento rápido, uma vez que a escassez nesta categoria pode ser catastrófica e conduzir a perdas comerciais.

Retornos do VMI com a arquitetura do fluxo de informação IoT:

Existem várias estratégias de parceria entre o vendedor e os distribuidores, como a resposta rápida (QR), o reabastecimento contínuo (CR) e o inventário gerido pelo vendedor (VMI). Nesta secção, registamos as vantagens da estratégia VMI associada à arquitetura do fluxo de informação IoT. A estratégia VMI é uma aliança estratégica em que tanto o fornecedor como o distribuidor partilham o risco do investimento[60] . Com uma melhor utilização da tecnologia, o crescimento estratégico no mercado é reforçado, melhorando os resultados de uma organização[60] . O fluxo de informação da IoT permite a agilidade e a flexibilidade necessárias no sistema para responder à evolução das exigências dos clientes e à turbulência do mercado[70] . A necessidade declarada fez com que as organizações passassem das tendências lean para a gestão ágil da cadeia de abastecimento[70] . Em[71] , os autores afirmam que "as empresas que serão competitivas no futuro distinguem-se pela capacidade de coordenar eficazmente os seus processos, concentrar-se na entrega de valor ao cliente, eliminar custos desnecessários de áreas funcionais chave e criar um sistema de medição do desempenho que forneça dados sobre se a cadeia de abastecimento está ou não a corresponder às expectativas". Registar e monitorizar os dados para permitir a competitividade da organização é um dos maiores retornos que se pode prever da implementação da VMI aumentada com a estrutura de informação IoT. Outro aspeto desafiante na VMI é a comunicação. Esta reforça a confiança e o empenhamento em toda a cadeia de abastecimento, melhorando o desempenho global de toda a cadeia de abastecimento[72] . A confiança deve existir entre ambas as partes, ou seja, o vendedor e o distribuidor, uma vez que têm de satisfazer os objectivos mútuos, partilhando informações críticas para gerir a aliança[73] . A transferência automática de dados IoT permite uma transferência imparcial de dados entre as duas partes, garantindo a persistência da confiança.

Os seguintes paybacks são visualizados' em relação aos pontos problemáticos da Gestão de Inventário.

Tradicionalmente, qualquer organização tem de enfrentar os seguintes desafios nas operações da cadeia de abastecimento:

a. Gestão reactiva devido à notificação tardia de eventos que provavelmente afectarão o inventário[74] .

b. A incerteza na procura conduz a um excesso de existências, enquanto a incerteza nos fornecimentos conduz a encomendas especulativas[74] .

c. Aumento dos níveis de amortizações dispendiosas no final do ano devido ao excesso de inventário[75] .

d. Tempo produtivo perdido no planeamento e na comunicação de encomendas[76] .

e. A informação crítica e vital não está disponível quando é necessária, o que resulta na perda de vendas,

saldos e descontos[74] .

f. Giros de estoque mais baixos[60] .

g. E rígida à evolução das exigências dos clientes, uma vez que existe um desfasamento entre o alerta e o fornecedor[74] .

Discutimos as compensações do sistema de inventário gerido pelo fornecedor aumentado pela IoT. Nesta secção, examinaremos criticamente e testemunharemos as compensações dos pontos de dor acima mencionados com o VMI aumentado de dados da IoT. Os principais benefícios derivados pelas organizações com a implementação incluem:

a. Gestão proactiva com a comunicação a chegar até ao fornecedor quase em tempo real[60] .

b. Dados muito mais ricos, que aumentam a exatidão das previsões e conferem previsibilidade aos fornecimentos[76] .

c. Menos amortizações devido à obsolescência e melhores fluxos de caixa, uma vez que o inventário é gerido pelo fornecedor para o distribuidor[75].

d. O planeamento a longo prazo é evitado sem necessidade de uma ordem de compra individual, poupando tempo para um planeamento a curto prazo muito mais eficaz[76] .

e. É criada uma enorme confiança na cadeia de abastecimento, onde existe uma comunicação bilateral entre o vendedor e o distribuidor, transformando o compromisso numa situação vantajosa para ambos[76] .

f. Maior rotação do inventário com uma excelente gestão da quantidade de encomendas económicas e um acordo sobre as normas de inventário[60] .

g. A flexibilidade e a agilidade estão integradas no sistema para responder à volatilidade da procura dos clientes[76] .

A partir da discussão acima, podemos imaginar como o sistema VMI aumentado por dados IoT pontua sobre os pontos problemáticos da cadeia de fornecimento. Resumindo os pontos acima, a comparação é vista como abaixo:

Pain Points of Supply Chain	**Benefits of using IoT augmented VMI System**
□ Reactive Management	□ Proactive approach
□ Volatile Demand & Speculative Ordering	□ High forecasting accuracy
□ Costly Year end write-offs	□ Lesser write offs and Better cash flows
□ Time spent in planning and ordering	□ Planning and ordering time is saved
□ Delayed information resulting in Sale Loss due to stock outs and discounted Sales.	□ Huge trust because of transparency in the system
□ Lower Inventory Turns	□ Higher Inventory turns and better inventory management
□ Rigid to evolving customer demand	□ Higher customer responsiveness, Higher Customer satisfaction

O impacto da VMI baseada nos dados da IdC nos principais intervenientes está representado na figura abaixo. A figura demonstra a contribuição do sistema VMI baseado nos dados da IdC em todo o ecossistema que afecta as principais partes interessadas

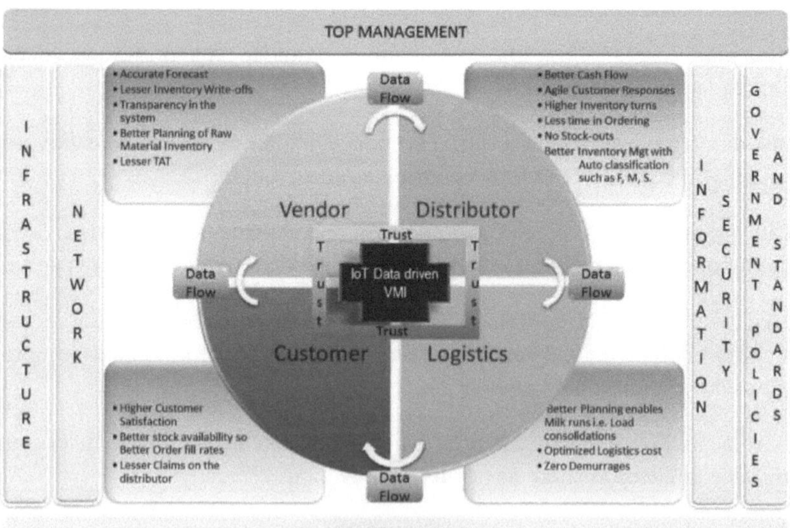

Fig. 7: O quadro VMI baseado em dados da IoT e o impacto nas

principais partes interessadas
Para enfatizar e elaborar mais sobre os benefícios, vamos deliberar sobre um estudo de caso.

Estudo de caso[77] : A organização em causa é a Marico, incluída na lista das Super 50 empresas da Forbes Índia. Fundada em 1991, a empresa tem um CAGR de 13% no volume de negócios e 15% de lucro nos últimos 5 anos. Tem 12 marcas, 100 SKU (unidades de manutenção de stock), 7 fábricas, 1000 distribuidores e mais de 20 milhões de pontos de venda a retalho que atingem 13 milhões de consumidores. A estratégia adoptada pela Marico incluía a compreensão e a antecipação das necessidades dos consumidores, inovando ao mesmo tempo para satisfazer as necessidades dos clientes. A empresa acreditava que a disponibilidade dos produtos era muito ampla e seguia as matrizes de desempenho para apoiar o posicionamento dos seus produtos. As matrizes de negócio comunicadas pela Marico's eram a exatidão das previsões de 70%, rupturas de stock e perda de vendas em 30% das unidades de manutenção de stock, excesso de inventário e erros dispendiosos na expedição. Os desafios na sua cadeia de abastecimento eram de natureza convencional, com uma penetração em menos de 20 000 habitantes. Não havia dados de vendas secundárias disponíveis. A distorção das vendas num mês, em termos de rácios, era de 10:28:62. Havia problemas de visibilidade dos dados devido à complexidade da rede de distribuição. A variação do rácio pico/mínimo de vendas ao longo do ano era de 3:1.

Foi concluída a implementação do VMI como uma técnica da cadeia de fornecimento com visibilidade de dados em todo o sistema. A história da Marico deu uma reviravolta fenomenal. A variação do rácio de vendas máximo/mínimo desceu para limites aceitáveis, em comparação com o valor anterior de 3:1

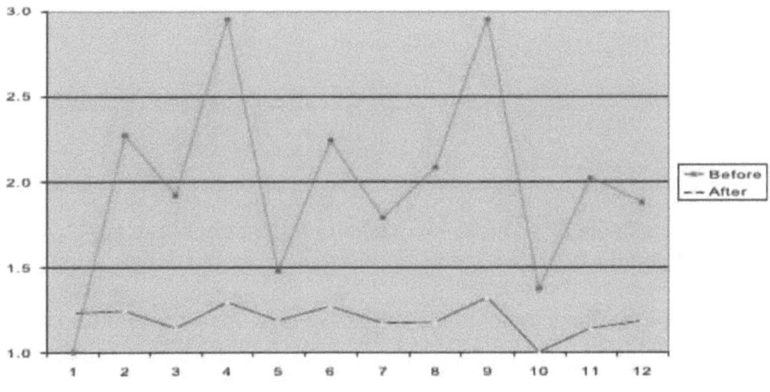

Fig 8: Variação do rácio pico/mínimo de vendas ao longo do ano - até 3:1 antes da implementação com as mesmas vendas médias.

A distorção das vendas foi reduzida em 50% com a diminuição das rupturas de stock.

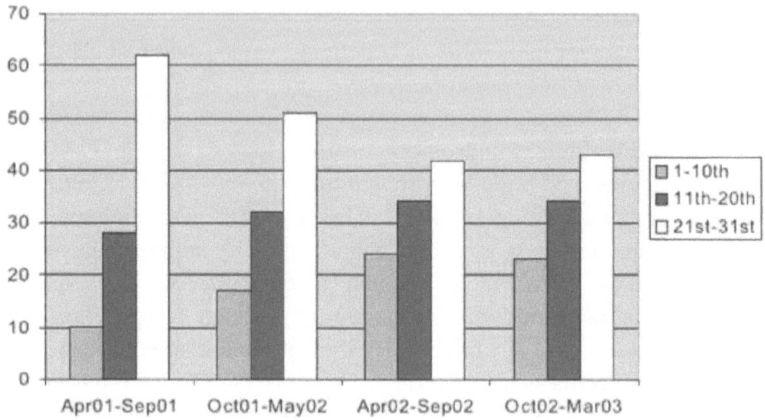

Fig 9: Variação da inclinação das vendas por blocos de 10:28:62 a 24:34:43

Enquanto o excesso de existências nos distribuidores foi reduzido em 50%, as existências totais médias da Marico foram reduzidas em 25%, tendo o custo de tratamento excecional da cadeia de abastecimento sido reduzido em 60%.

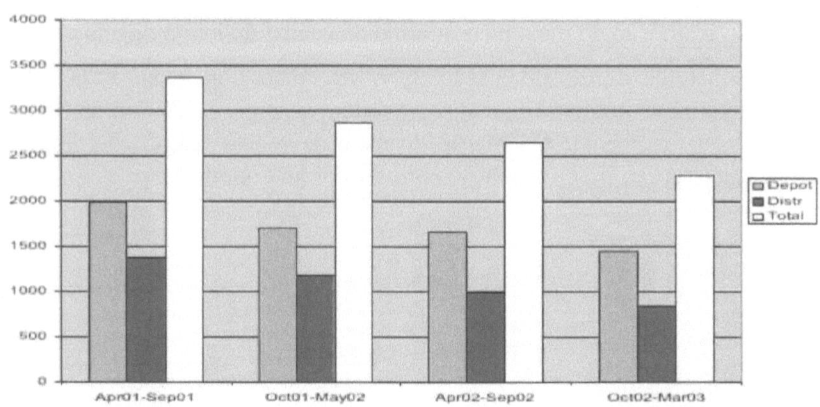

Fig 10: Tendência de redução no depósito, no distribuidor e no inventário total

A reviravolta assegurou o financiamento de anúncios com maior produtividade de vendas. A empresa continuou a registar um crescimento de dois dígitos nos lucros e nas receitas, tendo o nível de serviço dos distribuidores aumentado de 74,5% para um máximo de 81,8%, o que representa um aumento de 7,3%.

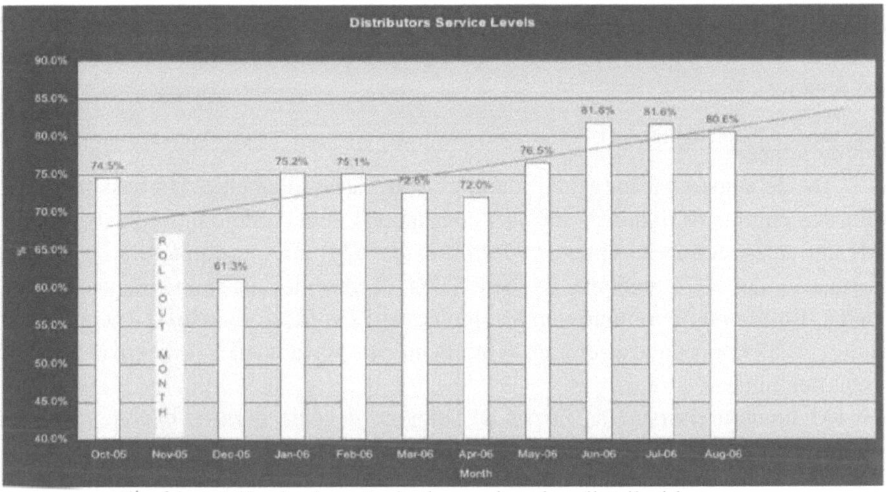

Fig 11: Melhoria dos níveis de serviço dos distribuidores.

Conclusão:

Analisar a evolução da procura dos clientes é atualmente um desafio para qualquer organização. A solução reside na construção de uma cadeia de abastecimento ágil, que elimina todas as ineficiências do sistema, reduz o custo do inventário (propriedade) e melhora o serviço ao cliente. No mundo atual, a existência de uma organização depende da satisfação dos seus clientes. Este objetivo pode ser alcançado através da flexibilidade em relação aos clientes. Embora exista uma concorrência feroz no mercado, técnicas como o inventário gerido pelo fornecedor (VMI) ou o inventário em consignação, juntamente com o quadro de dados IoT, ajudarão a manter a vantagem competitiva e até a destacar-se no mercado. A VMI oferece vantagens substanciais aos fornecedores, como custos de serviço ao cliente mais baixos, melhores previsões com menos rupturas de stock, melhores ciclos de tesouraria e maior fidelização dos clientes. Para o distribuidor, algumas vantagens cruciais incluem a redução do capital de exploração, a garantia de fornecimento de produtos, a redução da incerteza da procura, menos compras de emergência e menores custos de planeamento e de encomenda.

Os desafios na implementação do VMI com a estrutura IoT incluem chegar a um acordo com o fornecedor, definir as normas de inventário correctas e a infraestrutura necessária para configurar a estrutura IoT. A definição das matrizes/parâmetros de desempenho correctos também é igualmente vital. A medida de desempenho comum inclui parâmetros como o valor do inventário, a rotação do inventário, antes, durante e após a implementação. Os parâmetros de serviço englobam percentagens de cumprimento de encomendas, número de rupturas de stock, etc. e os parâmetros financeiros abrangem aspectos como a redução de custos, o crescimento das receitas e a margem bruta. Estes parâmetros são muito importantes e devem ser monitorizados e geridos regularmente.

Após os investimentos iniciais de tempo, dinheiro e energia na construção do sistema, o retorno dos investimentos deste sistema parece bastante lucrativo e benéfico para uma organização.

Recomendações

Desde a sua criação, a IdC está a evoluir incessantemente. Há bastantes casos utilizados em que os dados da IdC são consumidos num modelo empresarial, sendo a VMI um deles. A secção anterior, "Retornos da VMI com a arquitetura do fluxo de informação da IdC", salienta os benefícios decorrentes da implementação deste sistema. Embora hoje o mundo tenha entrado na Revolução Industrial 4.0, a IdC está atualmente a permitir que as empresas criem novas oportunidades de negócio das cinco formas seguintes:

a. A IoT ajuda a criar novos fluxos de valor no negócio para os clientes com uma resposta incontestável à volatilidade[78] .

b. Os parâmetros-chave para uma organização, como a eficiência operacional, a fidelidade do cliente, etc., só podem ser formulados com os dados de missão crítica da IoT[78] .

c. Os dados da IdC podem ajudar a libertar certas áreas de negócio que estão inexploradas e podem criar novos fluxos de receitas para além dos fluxos de negócio tradicionais existentes[78] .

d. Os dados da IdC permitem a visibilidade não só dentro da empresa, mas dão uma ideia do desempenho global, uma vez que acompanham a eficácia e a eficiência da cadeia de abastecimento[78] .

e. Os dados da IdC, devido ao facto de serem em tempo real, ajudam os decisores a tomar decisões em linha, que são alterações imediatas dos parâmetros de gestão[78] .

Uma vez que o negócio digital se centra no princípio do cliente em primeiro lugar, torna-se extremamente importante possuir a informação em tempo real do cliente. A informação em tempo real incluiria as escolhas, as exigências, as tendências de mudança e as queixas dos clientes. Isto só é possível com um sistema em que os dados são recolhidos a partir de sensores automáticos fixados em pontos de recolha de dados adequados e armazenados num armazém de dados para efetuar análises comerciais. Há cinco critérios principais para extrair o máximo valor dos dados recolhidos. Os dados devem ser de fácil acesso, em tempo real, com uma boa pegada, transformadores e com sinergias de intersecção. Para ativar o sistema IoT, existem três componentes principais.

a. Hardware constituído por sensores, actuadores e hardware de comunicação incorporado.

b. Middleware para armazenar os dados e efetuar análises

c. Camada de apresentação para representar os resultados da análise.

Embora todos os componentes acima mencionados se enquadrem no domínio das despesas de capital, é o custo de instalação da IoT que está a proporcionar os retornos, tal como mencionado na secção anterior. Mais ainda, o foco principal da organização é deslocado do produto e do processo para o cliente, aumentando a fidelidade e a aderência do cliente à organização. O resultado é uma organização saudável, centrada no cliente e geradora de lucros, que tem o zelo de entrar em novos fluxos de receitas devido ao fornecimento de dados IoT. Por conseguinte, os investigadores recomendam a VMI com dados IoT como um caso forte de implementação.

Próximas etapas:

Analisando o futuro da IdC, apercebemo-nos de que, em 2014, a percentagem de dados consumidos a partir de sistemas incorporados era de apenas 8% dos "dados ricos do alvo"[79] . Prevê-se que a contribuição destes dados atinja 21% até 2020[79] . O número de coisas conectáveis também deverá crescer para 15%, contra uns escassos 7% em 2013[79] . Os dois principais sectores em termos de investimento em soluções IoT são:

1. Fabrico[80]

2. transporte e armazenagem[80]

Fig. 12: Investimentos em soluções IoT por sector

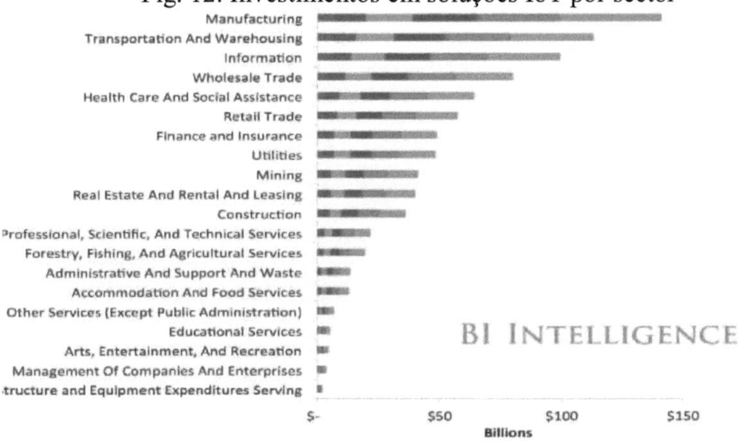

A VMI com dados da IoT vai definitivamente trazer uma revolução em ambos os sectores acima referidos com o crescimento da IoT, fazendo-nos assistir a uma reviravolta nos índices de desempenho do sector. A investigação conduzida pelos investigadores limita-se a estudar o impacto dos dados gerados pela IoT no sistema VMI e os seus benefícios para as principais partes interessadas, o fornecedor e o distribuidor.

A investigação futura neste domínio deve centrar-se no impacto noutras partes interessadas, como o prestador de serviços de logística e todo o ecossistema envolvido. Algumas das questões de investigação a responder seriam: como pode o mesmo alerta ser enviado a diferentes partes interessadas e significar um conjunto diferente de acções para cada uma delas? O segundo objetivo de investigação, que pode ser retirado do estudo, é calcular o ROI e compará-lo com os investimentos feitos pela organização para chegar ao ponto de equilíbrio.

5. Caminho a seguir

Atualmente, quase todas as indústrias enfrentam uma mudança de paradigma. De um mercado de vendedores, a balança inclinou-se completamente para o mercado de compradores. Os clientes tornaram-se mais informados sobre os produtos e conhecedores de todas as marcas. Isto deu origem a uma batalha de quotas de mercado, que as organizações estão atualmente a travar entre si. Especialmente na indústria de serviços, onde as percepções sobre o serviço, por vezes, impulsionam a procura do produto vendido pela organização fabricante. É extremamente importante que essas organizações se mantenham ligadas ao cliente e compreendam o seu comportamento para lhe poderem oferecer mais produtos. Tudo isto contribui para uma melhor gestão da relação com o cliente (CRM) e uma experiência personalizada para o cliente, conduzindo à sua satisfação, ao seu prazer e, finalmente, ao seu êxtase. A experiência digital do cliente, que o cliente também obtém, ajuda a construir a perceção da marca. Atualmente, o CRM/Media social emergiu como um dos canais mais cruciais com um elevado nível de sensibilidade. Com os meios de comunicação social a surgirem e a espalharem-se tão rapidamente, as organizações descobriram as suas próprias formas de atrair novos clientes e de reter os clientes existentes, adquirindo novos potenciais clientes para os converter em clientes[81] . Ao mesmo tempo, as organizações estão a utilizar as plataformas dos meios de comunicação social para reduzir os canais tradicionais, como o "Atendimento ao Cliente"[82] . A proliferação dos meios de comunicação social abriu uma porta de comunicação entre o consumidor e o fabricante[83] . Um inquérito global revelou um aumento de 50% no processo de compra devido à penetração dos meios de comunicação social[84] . Observou-se que os comentários ou expressões dos pares contribuem para a decisão de compra e os comportamentos de compra[85] .

As plataformas de redes sociais também levaram as organizações a estabelecer relações com os clientes[86] . As organizações estão agora a encontrar muita eficiência na utilização da Internet em vez da forma tradicional de marketing[81] . Um outro estudo de investigação confirmou a forte influência dos meios de comunicação social no património dos clientes e nas intenções de compra de marcas de luxo[87] . As redes sociais não só ajudam a reduzir o processo de vendas, como também atraem e tornam o cliente mais assertivo na apresentação de queixas e na procura de soluções. Lidar eficazmente com as queixas/comentários negativos levará os clientes insatisfeitos a promover a marca/organização entre os seus pares, gerando mais confiança e lealdade à marca[81] . Os comentários dos clientes publicados nas redes sociais são aproveitados pelos fabricantes para melhorar as relações com a marca e para se afirmarem no mercado[88] . Os comentários negativos dos clientes podem ser utilizados como uma ferramenta positiva para transformar os clientes em clientes fiéis, resolvendo as suas queixas. A extensão do impacto das redes sociais pode ser avaliada com base no número de comentários negativos respondidos pelas organizações e encerrados, que é de 68%. Outras estatísticas reveladas pela investigação também mencionam que, dos 68% de clientes que obtiveram resolução para as suas queixas, 18% tornaram-se compradores fiéis da marca. Outra revelação foi que cerca de 33% dos clientes apresentaram queixas positivas e um pouco mais do que isso, ou seja, 34% dos clientes eliminaram os seus comentários negativos anteriormente publicados[89] .

As redes sociais proporcionaram às organizações uma via adicional para envolver um nicho de público proficiente na utilização das redes sociais[82] . Devido ao acesso direto que os clientes têm para expressar as suas experiências nas redes sociais, as organizações estão a beneficiar do envolvimento dos clientes e, consequentemente, da criação de confiança e da compreensão das expectativas. Os clientes procuram, dão e transmitem opiniões sobre produtos e serviços nas redes sociais que as organizações podem procurar para aumentar o envolvimento dos clientes. As organizações devem valorizar as interacções nas redes sociais, uma vez que estas podem revelar-se uma base de conhecimentos abrangente para os compradores existentes e potenciais, mas também podem ajudar a aumentar o envolvimento e a confiança dos compradores[90] .

As organizações têm-se apercebido dos potenciais benefícios ao aumentarem a confiança dos clientes e ao construírem relações de sucesso entre o cliente e a marca[91] . O resultado final é uma relação a longo prazo e benefícios recorrentes para a organização[92] . À semelhança de um CRM transacional, o CRM social também gera muito mais dados relativos ao sentimento do cliente e às interacções que o cliente tem com as redes sociais. Os dados devem então ser extraídos e transmitidos à parte relevante da organização para serem estudados, analisados e utilizados para a tomada de decisões, depois de adicionado o contexto. Com o advento da Internet e dos dados em tempo real captados pela Internet das Coisas, a tomada de decisões cruciais é possível a um ritmo acelerado. Com o mundo a avançar para a Indústria 4.0, a IdC ganhou uma posição de destaque e continua a expandir os seus horizontes em todos os domínios. A IdC permite fundamentalmente que as pessoas e as coisas se liguem em qualquer altura e em qualquer lugar através de dispositivos que podem transmitir dados através de qualquer rede. O ambiente inteligente evoluiu assim e consiste em dispositivos inteligentes que transmitem os dados através de redes inteligentes. Como já foi referido, os dados transmitidos, juntamente com as informações relevantes, são convertidos em conhecimento, que pode ser utilizado na tomada de decisões empresariais.

Atualmente, enquanto a IoT está a evoluir, a análise de negócios também chamou a atenção das grandes organizações. A tomada de decisões correctas no momento certo e no local certo é a chave para o sucesso das empresas no ambiente dinâmico de hoje. Com os dados da IoT, as possibilidades de análise empresarial em linha aumentam rapidamente. Os dados anteriores são introduzidos nos modelos de análise empresarial para identificar as tendências ocultas e prever o futuro, enquanto os dados actuais ajudam a validar a relevância do modelo. Isto também ajuda a empresa a fazer algumas correcções de rumo, se necessário.

O CRM social, juntamente com a recolha de dados em tempo real e a análise empresarial, exige um pré-requisito, que é manter o cliente ligado. Existem três categorias, ou seja, produto, serviço e relação, através das quais o cliente percepciona os benefícios. Os benefícios relacionados com o serviço são impulsionados pela capacidade de resposta, flexibilidade, fiabilidade e competência técnica. Os benefícios relacionados com as relações resultam essencialmente da imagem, da confiança e da solidariedade para com o cliente[93] . O processo de criação de valor exige perseverança e o resultado destes esforços também tem de ser validado na perspetiva dos vendedores[82] . Atualmente, os clientes esperam que a organização se mantenha ligada a eles.

A necessidade de um cliente conectado como a próxima grande novidade pode ser acentuada ao examinar o caso abaixo. Analisamos as áreas de implementação do CRM e o impacto que cria em áreas específicas.

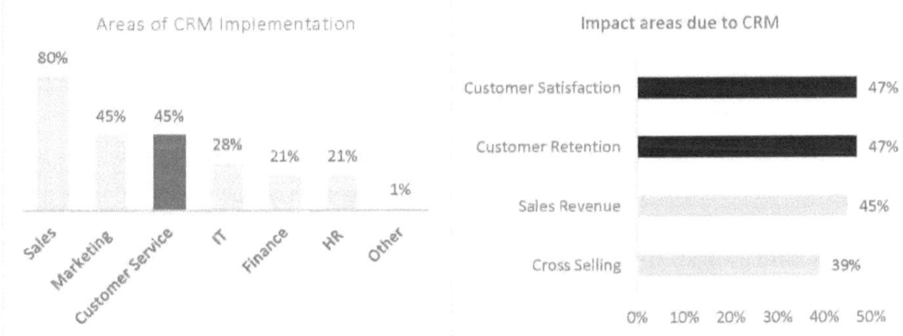

Fig. 13. Implemento de CRM e áreas de impacto

O primeiro gráfico mostra que, a nível mundial, o CRM está implementado a 80% nas vendas e metade a 45% nos serviços. Enquanto o segundo gráfico indica as áreas afectadas pela implementação do CRM, observamos claramente que o impacto se faz sentir na área dos serviços. A retenção e a satisfação do cliente são mais ou menos áreas de pós-venda, que dominam as compras seguintes efectuadas pelo cliente. Nos últimos tempos, observou-se uma mudança de paradigma do marketing transacional para o marketing relacional, em que a satisfação do cliente ganhou uma nova atenção[94] , que se refere "a todas as actividades de marketing orientadas para o estabelecimento, desenvolvimento e manutenção de trocas relacionais bem sucedidas"[95] . Kotler resume este facto quando afirma que: "A chave para a retenção de clientes é a satisfação do cliente[96]" . Com a qualidade dos produtos ao mesmo nível, o serviço ao cliente revela-se o fator diferenciador entre as marcas. De acordo com um estudo realizado, o número médio de serviços mecânicos efectuados num veículo por ano é de 2,5. Podemos, portanto, calcular com segurança que, para cada carro vendido, há um mínimo de dois e meio a três serviços anuais, durante os quais a organização tem a oportunidade de se relacionar com o cliente. Daí a necessidade de a organização avaliar se o rácio de impacto é mais do dobro nas estações de serviço. A agilidade, a coerência e a precisão do serviço ao cliente são conseguidas através de um envolvimento efetivo e de uma melhor experiência global do cliente. Manter uma ligação constante com o cliente, física ou virtualmente, revela-se o elemento mais vital do negócio. Como aprendemos anteriormente, as organizações têm a oportunidade de contactar com os seus clientes apenas 2,5 vezes por ano após as vendas.

Este facto leva-nos à necessidade indispensável de estabelecer uma ligação virtual com os clientes através de diferentes meios. O serviço digital de apoio ao cliente permite que o cliente se mantenha ligado e receba uma experiência de cliente ligada. Os relatórios revelam que, em comparação com Rs.22000 Cr em 2016, Rs.33000 Cr é o crescimento estimado da indústria de manutenção de automóveis até 2020. Com este volume, um cliente conectado tornar-se-á obrigatório para que uma organização se mantenha e cresça com a promessa de entrega de níveis de qualidade atualmente prevalecentes e ainda melhores do que isso. A melhor parte de ter clientes conectados é o volume de dados e o feedback do cliente que uma organização pode obter para personalizar a entrega de acordo com as necessidades do cliente de uma forma ágil[97] .

NÍVEIS DO CLIENTE CONECTADO [103]

Com base no nível de envolvimento, as expectativas do cliente podem variar. Não é apenas um canal de fluxo de dados totalmente acessível que é desejado, o cliente ligado também espera um certo nível de flexibilidade nos serviços prestados. A interação ocorre a vários níveis. Embora a extensão básica da interação seja semelhante em várias indústrias orientadas para o consumidor, os níveis seguintes destacam o contexto no caso da indústria automóvel.

Nível 1: Informar

- Utilização de múltiplas fontes de informação - físicas (concessionários tradicionais, centros de test-drive, lojas na cidade) e digitais (sítio Web, plataformas de redes sociais).
- Preferir uma comunicação direccionada.
- Inclui também saudações ou chamadas habituais em aniversários para partilhar informações sobre descontos ou regimes específicos.

Nível 2: Navegar

- Os clientes processam mais informações antes de fazerem escolhas.
- São mais exigentes quanto às ofertas de produtos e serviços.
- Partilha de informações pelos concessionários sobre os controlos de monção e os descontos sazonais nos serviços.

Nível 3: Comprar e cumprir

- O cliente pode utilizar canais rápidos para efetuar a compra.
- O cliente procura maior comodidade durante as compras
- Exige flexibilidade nos modos de entrega
- Pode potencialmente responder ao concessionário que acompanha o desempenho do automóvel para serviços específicos de valor acrescentado.
- Também espera um tempo de resposta rápido para entregas e devoluções.

Nível 4: Serviço

- Deseja conetividade a qualquer hora e em qualquer lugar com os retalhistas.

- Esperar uma resposta instantânea ao feedback.
- Estão ansiosos por partilhar os seus comentários com um público mais vasto.
- É possível monitorizar potencialmente a fiabilidade de peças específicas quando o concessionário emite uma convocatória de veículos para corrigir o problema antes que este ocorra

Alguns estudos de caso seleccionados em resumo que implementaram com êxito os princípios do cliente conectado:

Croma

O retalhista lançou um website compatível com smartphones, um Omni-channel, Croma Online, concebido para proporcionar uma experiência consistente nos canais offline e online. O sítio Web permite aos utilizadores ver o inventário em cada loja, encomendar online e, em seguida, levantar as suas encomendas numa loja. A empresa também lançou quiosques portáteis em locais públicos para os utilizadores verificarem e encomendarem produtos. Durante a época de compras natalícias de 2015, mais de metade das vendas da Croma foram efectuadas através do seu sítio Web.

Walgreens

A Walgreens facilitou a transição entre plataformas normalizando os descontos e as promoções para os clientes entre canais, e dispondo de modos de pagamento de entrega intercambiáveis. A Walgreens oferece aos clientes a opção de encomendar em linha e levantar nas lojas locais, incluindo a recolha na berma da estrada, proporcionando assim a comodidade da satisfação imediata de uma forma digital. A Walgreens também colaborou com a Google e a eBay para facilitar a entrega no mesmo dia das compras em linha.

Burberry

A loja principal da Burberry em Londres oferece "me-tailing" - interacções altamente personalizadas na loja que enviam promoções de produtos e descontos para os dispositivos móveis dos clientes com base no local onde se encontram na loja. Os clientes também podem fazer encomendas online de peças de vestuário e perfumes feitos por medida, cada um dos quais acciona espelhos inteligentes com RFID colocados na loja principal que descrevem o percurso por detrás da criação dessa peça.

A inovação na gestão da relação com o cliente resultou em margens inesperadas para as empresas acima referidas. Assim, uma abordagem semelhante no retalho automóvel pode trazer benefícios tangíveis e intangíveis tanto para o cliente como para a marca

Um cliente conectado, possibilitado pelas tecnologias digitais que incluem componentes do cenário IoT, é idêntico a um ativo para uma organização. Ajuda a organização em termos dos dados que podem ser obtidos do cliente e devolvidos com informações valiosas ou utilizados para estudos como a avaliação do comportamento do cliente ou cálculos do valor do tempo de vida do cliente[95] .

A comparação dos dados de tráfego da Internet para telemóvel (incluindo tablet) e computador está representada abaixo.

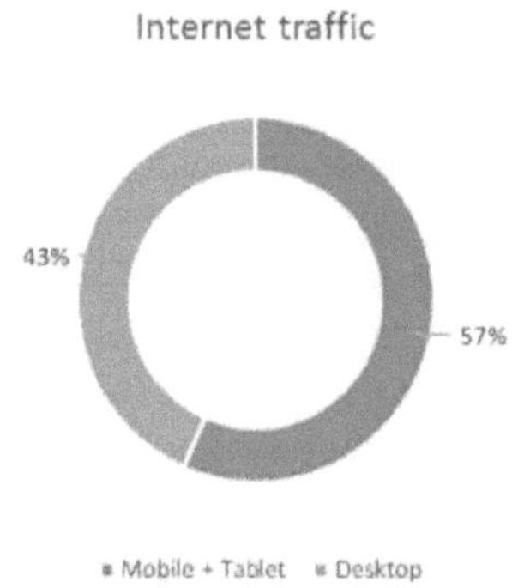

Fig 14: Tráfego Internet

Os clientes conectados, de acordo com os dados acima referidos, utilizam maioritariamente telemóveis e a tendência é para um aumento contínuo[98] . A taxa de execução anual prevista de 366,8 Exabytes de tráfego de dados móveis para 2020 é equivalente a 120 vezes mais do que todo o tráfego móvel global gerado há apenas 10 anos, em 2010 [99]. Um outro inquérito conduzido pela Forbes forneceu algumas informações interessantes. Citava que cinquenta por cento dos consumidores dizem que é provável que mudem de marca se uma empresa não antecipar as suas necessidades... Embora os nossos clientes estejam atualmente ligados, as nossas empresas não estão.

O apego geral ou o compromisso profundo do comprador em relação a um produto, serviço, marca ou organização é designado por fidelidade do cliente[100] . Num ambiente cada vez mais competitivo, a orientação para o cliente é a única forma de as empresas terem sucesso[96] . A satisfação do cliente representa uma abordagem moderna de desenvolvimento de uma cultura orientada para o cliente, impulsionada pela gestão de uma organização que assegura a qualidade da vida empresarial [101] . A gestão das relações com o cliente capta todo o percurso do valor do cliente ao longo da sua vida. Ajuda a manter o registo das transacções efectuadas pelo cliente e mantém um registo 360^0 do cliente. Isto ajuda a vender outros produtos, mantendo o cliente interessado e ligado à organização, o que resulta em novas transacções com o cliente, contribuindo para valores comerciais mais elevados[102] .

Nesta era de empresas orientadas para o cliente, a retenção de clientes é conseguida através da satisfação do cliente. Quando os serviços oferecidos são satisfatórios e personalizados de acordo com as necessidades do cliente, só então este permanece fiel a uma organização. Os clientes esperam serviços personalizados após a venda de qualquer produto e exigem que a organização se mantenha ligada. Os dados em tempo real relativos aos clientes podem ser recolhidos por uma organização devido à ênfase colocada na ligação ao cliente. Com base nos dados em tempo real, será possível às organizações oferecer serviços personalizados aos seus clientes e conquistar novos clientes no mercado. A necessidade de dados em tempo real, que é vital num processo que dá toda a visibilidade dos processos de serviço ao cliente, pode ser conseguida através de um cenário ativado pela IoT. A preocupação de estar ligado ou a visibilidade dos processos transmite ao cliente uma boa dose de confiança, conduzindo à sua satisfação. Atualmente, por detrás de cada dispositivo ligado, existe um cliente ligado. Os clientes ligados geram triliões de transacções para as organizações. O conceito de cliente ligado também é bem sustentado pelo crescimento do tráfego da Internet a partir de telemóveis em comparação com os computadores. É de salientar que o tráfego da Internet móvel ultrapassou o tráfego dos computadores e lidera com uma margem positiva de seis por cento.

Embora o caso acima analisado tenha detalhado a experiência do serviço de assistência a veículos, o mesmo se aplica a todas as outras organizações que se centram no cliente. A ligação ao cliente é essencial para a sobrevivência dessas organizações, uma vez que conduzirá a um bom índice social para a organização no CRM social e construirá uma imagem de marca positiva. Para além dos clientes externos, as organizações também têm de introspeccionar e estudar os processos internos para apoiar as expectativas dos clientes. É muito importante que a organização reforce os processos internos com os dados de ajuda gerados pelo cenário IoT prevalecente na organização.

Referências

1. Knox S, Payne A, Ryals L, Maklan S, Peppard J. Customer relationship management. Routledge; 2007 Jun 1.

2. Connected Customer Service. n.d; Disponível em: https://www.tieto.com/industries/manufacturing/tieto-industrial-experience/connected-customer-service

3. Buttle F. Customer relationship management: concepts and technologies. Routledge; 2009

4. Sage. 2016; Disponível em: https://www.sagesoftware.co.in/blogs/defining-customer-life-cycle-stages-with-crm/

5. English oxford living dictionaries. n.d; Disponível em: https://en.oxforddictionaries.com/definition/Internet

6. Estatísticas e dados de mercado sobre a Internet. n.d; Disponível em: https://www.statista.com/markets/424/internet/

7. Palmese D. 2014; Disponível em: http://newsnews.perfectinter.net/articles.php?posted_id=243

8. Dunin-Keplicz B, Jankowski A, Szczuka M, editores. Monitoring, security, and rescue techniques in multiagent systems. Springer Science & Business Media; 2006 Ago 13.

9. Rio R, Banker S. IoT Changes Logistics for the OEM Spare Parts Supply Chain (A IoT muda a logística para a cadeia de abastecimento de peças sobresselentes OEM). Insights ARC 2014

10. Yerpude S, Singhal TK. Internet of Things and its impact on Business Analytics (Internet das coisas e seu impacto na análise de negócios). Jornal Indiano de Ciência e Tecnologia. 2017 Feb 10;10(5).

11. Sundmaeker H, Guillemin P, Friess P, Woelffle S. Vision and challenges for realising the Internet of Things (Visão e desafios para a realização da Internet das coisas). Cluster of European Research Projects on the Internet of Things, Comissão Europeia. 2010 Mar.

12. Kopetz H. Internet of Things, Real-Time Systems: Design Principles for

Distributed Embedded Applications. 2011; 13:307-23.

13. Steenstrup K, Kutnick D. Gartner, Inc.: The Internet of Things Revolution: Impact on Operational Technology

Ecossistemas. Nota de investigação 3 da Gartner. 2015

14.Rio R, Banker S. IoT Changes Logistics for the OEM Spare Parts Supply Chain. ARC Insights 2014.

15. Sundmaeker H, Guillemin P. Vision and Challenges for Realizing the Internet of Things (Visão e desafios para a realização da Internet das coisas). Cluster of European Research Projects on the Internet of Things. Bruxelas: Comissão Europeia - Direção-Geral Sociedade da Informação e Media. 2010

16.Wellers D. Será este o futuro da Internet das Coisas? Data de acesso: 27/11/2015: Disponível em: https://www. weforum.org/agenda/2015/11/is-this-future-of-the-internet-of-things

17. Dohr A, Osprian R, Drobics M, Hayn D, Schreier G. The Internet of Things for Ambient Assisted Living. Actas da Sétima Conferência Internacional sobre Tecnologias da Informação. 2010

18. Khan R, Khan S, Zaheer R, Khan S. Future Internet: The Internet of Things Architecture, Possible Applications and Key Challenges. Actas da 10.ª Conferência Internacional sobre Fronteiras das Tecnologias da Informação. 2012 Dec 17-19.

19. Sagiroglu S, Gazi D. Big Data: A Review. Actas da Conferência Internacional sobre Tecnologias e Sistemas de Colaboração (CTS). 2013 maio 20-24

20.CRM Relatório de pesquisa do utilizador da indústria. 2015; Disponível em:
http://www.capterra.com/customer-relationship-management-software/user-research

21. Srivastava T. 2014; Disponível em:
https://www.analyticsvidhya.com/blog/2014/02/learn-analytics-business-case/

22.Marketo. n.d; Disponível em: https://www.marketo.com/lead-management/

23.Pikulik K. n.d; Disponível em: https://www.responsepoint.com/building-a-centralized-marketing-database/

24.Handshake. 2015; Disponível em: https://www.handshake.com/blog/what-is-order-management-2/

25.Guia de estudo de gestão. n.d; Disponível em: http ://www.managementstudyguide .com/market-segmentation.htm

26.Fladzigbey F. 2013; Disponível em: https://www.slideshare.net/faxlove/customer-complaint-management.

27. Gnawali O, Moss D, Clark R, Jones B, Eason W, Shirkalin D. Scaling IoT Device APIs and Analytics: Processamento de informações em redes de sensores (IPSN). Procedimentos da 15.ª Conferência Internacional ACM/IEEE. 2016 Apr 11-14.

28. Chui M, Loffler M, Roberts R. The Internet of Things. Mckinsey Quarterly. 2010; 2:8-9.

29. Lewis JC, Naim MM. Benchmarking of aftermarket supply chains. Production Planning & Control. 1995 May;6(3):258-69. Disponível em: Crossref

30.Lou P, Liu Q, Zhou Z, Wang H. Gestão ágil da cadeia de abastecimento através da Internet das coisas. Em Management and Service Science (MASS), 2011, Actas da Conferência Internacional do IEEE. 2011 Ago.p.1-4. Disponível em: Crossref

31.Cox A. Power, value and supply chain management (Poder, valor e gestão da cadeia de abastecimento). Supply chain management: An International Journal. 1999 Oct;4(4):167-75.

32. Willingness to Pay and the Demand Curve, Boundless Economics. Disponível em: Crossref. Data de acesso: 11/01/2017.

33. Utilização da Internet a nível mundial - Estatísticas e Factos: Statista. Disponível em: Crossref. Data de acesso: 31/12/2016.

34. Atzori L, Iera A, Morabito G. The Internet of Things: A survey. Computer networks. 2010 Oct;54(15): 2787-805. Disponível em: Crossref

35.Bunn D. Forecasting Loads and Prices in Competitive Power Markets (Previsão de cargas e preços em mercados de energia competitivos). Actas do IEEE. 2000 Feb; 88(2): 163-9.Disponível em: Crossref

36. Choy DJ. Forecasting Tourism Revisited. Tourism Management. 1984 Sep 1;5(3): 171-6.Disponível em: Crossref

37. Arsham H. Time-critical decision making for business administration. Universidade de Baltimore, Maryland, EUA. Disponível em: Crossref. 1994. Data

de acesso: 27/01/2017.

38. 10. Métodos, modelos e técnicas de previsão. Disponível em: Crossref. Data de acesso: 05/02/2017.

39. 11. Bunn D, Wright G. Interaction of Judgemental and Statistical Forecasting Methods: Issues & Analysis: Management Science. 1991; 37(5):501-18. Disponível em: Crossref

40. técnicas de previsão quantitativa e qualitativa, gestão da procura. 2012. Disponível em: Crossref. Data de Acesso: 10/12/2016

41.Chatfield C. Time Series Forecasting. 2000. Chapman and Hall CRC, CRC Press USA.

42. Arsham H. Time-Critical Decision Modelling and Analysis, Time Critical Decision Making for Business Administration. Disponível em Crossref. Data de acesso: 23/02/2017.

43. Brockwell P, Davis R. Introduction to Time Series and Forecasting, Springer texts in Statistics, incompleto. 2016

44. Análise e Previsão de Séries Temporais. Disponível em: Crossref. Data de Acesso: 12/01/2017.

45. Fundamentos de Previsão. Disponível em: Crossref. Data de Acesso: 28/01/2017

46. Análise de Regressão para Melhoria das Previsões. Disponível em: Crossref. Data de Acesso: 03/12/2016

47. Stark T, Croushore D. Forecasting with a real-time data set for macroeconomists. Journal of Macroeconomics. 2002; 24: 507-31. Disponível em: Crossref

48.Montgomery D, Peck E, Vining G. Introduction to Linear Regression Analysis, Fifth Edition, Wiley series in probability and Statistics. 2012

49. modelo de tendência linear. Disponível em: Crossref. Data de Acesso: 19/01/2017

50. Hox J, Boeije H. Recolha de dados, primário vs. secundário. Encyclopaedia of Social Measurement. 2005; 1:593-99. Disponível em: Crossref

51.Nitisha. Recolha de dados para a previsão da procura. Disponível em: Crossref. Data de Acesso: 06/03/2017

52. James A, Cooper J, Jeffery K, Saake G. Research Directions in Database

Architectures for the Internet of Things: Actas do primeiro workshop internacional sobre arquitecturas de bases de dados para a Internet das coisas. 2009.p. 225-33

53.Boyi X, Xu L, Cai H, Cheng X, Jingyuan H, Fenglin B. Método de acesso a dados ubíquos no sistema de informação baseado na IoT para serviços médicos de emergência. IEEE Transactions on Industrial Informatics. 2014; 10(2):1578-85.Disponível em: Crossref

54.Jiang L, Da Xu L, Cai H, Jiang Z, Bu F, Xu B. Uma estrutura de armazenamento de dados orientada para a IoT na plataforma de computação em nuvem. IEEE Transactions on Industrial Informatics. 2014; 10(2):1443-51.Disponível em: Crossref

55.Talbot M. What a Business that Leverages Real-Time Data looks like: Empresa de retalho. Disponível em: Crossref. Data de Acesso: 31/01/2017.

56.Crates L. Key Benefits of Real Time Data (Principais benefícios dos dados em tempo real). 2014, Disponível em: Crossref. Data de Acesso: 10/03/2017

57. As vantagens da recolha de dados em tempo real na indústria transformadora. 2015. Disponível em: Crossref. Data de Acesso: 25/12/2016.

58. Stark T, Croushore D. Forecasting with a real-time data set for macroeconomists (Previsão com um conjunto de dados em tempo real para macroeconomistas).
Journal of Macroeconomics. 2002; 24: 507-31. Disponível em: Crossref Crossref

59.Hurdogan G. Inventory Management through Vendor Manager Inventory in a Supply Chain with Stochastic Demand. 2010; Disponível em:
http://citeseerx.ist.psu.edu/viewdoc/versions?doi=10.1.1.633.2546

60. Subramanium A. Evolução da gestão do inventário: Inventário gerido pelo fornecedor.
2009; Disponível em: https://www.slideshare.net/anandsubramaniam/vendor-managed-inventory-vmi

61.Rouse M. Vendor Managed Inventory (VMI). 2011; Disponível em:
http://searchmanufacturingerp.techtarget.com/definition/Vendor-managed-inventory-VMI

62 Disney M e Towill R. The effect of VMI dynamics on the bullwhip effect in supply

chains. 2003; International Journal of Production Economics, 85(2), 199-215. DOI: 10.1016/S0925-5273(03)00110-5

63 Marques G, Lamothe J, Thierry C, Gourc D. Vendor Managed inventory : From concept to processes, for an unifed view. B. MONTREUIL & J. RAPPOLD. ILS. 2008; Actas da 2ª Conferência Internacional sobre Sistemas de Informação, Logística e Cadeia de Abastecimento, Estados Unidos. Universidade de Wisconsin, 536-546

64. Ping L, Liu Q, Zhou Z, Wang H. Gestão ágil da cadeia de abastecimento através da Internet das Coisas. 2011; Actas da Conferência Internacional de Gestão e Ciência dos Serviços (MASS). DOI: 10.1109/ICMSS.2011.5998314

65.Tang C. Perspectives in Supply Chain Risk Management. International Journal of Production Economics. 2006; 103, 451-488. DOI: 10.1016/j.ijpe.2005.12.006. Disponível em:
http://www.sciencedirect.com/science/article/pii/S0925527306000405

66. Holweg M, Disney S, Holmstorm J e Smaros J. Supply Chain Collaboration: Making Sense of the Strategy Continuum. European Management Journal. 2005; 23(2),170-181. DOI:10.1016/j.emj.2005.02.008. Disponível em http://www.sciencedirect.com/science/article/pii/S026323730500023X

67. Liu X, Sun Y. Gestão do fluxo de informação do fornecedor: Managed Inventory System in Automobile Parts Inbound Logistics Based on Internet of Things. 2011; Journal of software, 6(7), 1374 - 1380. DOI:10.4304/jsw.6.7.1374-1380.

68. Comitz P. Aviation Analytics and the Internet of Things. 2016; Actas da Conferência de Navegação e Vigilância de Comunicações Integradas. Disponível em: https://www.researchgate.net/publication/303886078 . DOI: 10.1109/ICNSURV.2016.7486327

69. Neerkuzhi M, Joseph J. Controlo de inventário ao nível dos empregados através da integração da codificação das matérias-primas. 2013; Revista Internacional de Publicações Científicas e de Investigação, 3(3), 353 - 359. Disponível em:
http://citeseerx.ist.psu.edu/viewdoc/download?doi=10.1.1.300.3007&rep=rep1&type=pdf

70.Baarlid A, Claesson A. Aligning strategy, structure and performance in supply chain Management : A case study in the power systems industry, Copenhagen Business School. 2015; 1- 89. Disponível em:
http://studenttheses.cbs.dk/bitstream/handle/10417/5846/axel_baarlid_og_anders_cla esson.pdf?sequence=1

71 Brewer P, Speh T. Using the Balanced Score Card to measure the Supply Chain Performance. 2000; Journal of Business Logistics, 21(1), 75 -94. Disponível em: https://www.researchgate.net/publication/216704144_Using_The_Balanced_Scor ecar d_To_Measure_Supply_Chain_Performance

72. Lindner C. Supply Chain Performance Measurement: A research of occurring problems and challenges. 2009; Jonkoping International Business School, 1 - 85. Disponível em: http://www.diva-
portal.org/smash/get/diva2:221082/FULLTEXT01.pdf

73. Whipple J. Strategic Alliance Success Factors. Journal of Supply Chain Management. 2006: 36(2), 21- 28. Disponível em: http://onlinelibrary.wiley.com/doi/10.1111/j.1745- 493X.2000.tb00248.x/pdf. DOI: 10.1111/j.1745-493X.2000.tb00248.x

74. Pontos críticos da cadeia de abastecimento atualmente. 2014. Disponível em:
http://www.decidesoftware.com/supply-chain-pain-points-today/#content-anchor

75. Sutter B. Fight Inventory Pain Points. Logística de entrada. Disponível em:
http://www.inboundlogistics.com/cms/article/fight-inventory-pain-points/

76. Qetinkaya S, Lee C. Stock Replenishment and Shipment Scheduling for VendorManaged Inventory Systems. Management Science. 2000: 46(2), 217-232. DOI: 10.1287/mnsc.46.2.217.11923

77.Bansal A. Implementação de I.T. em Marico. 2009: Universidade NMIMS, Mumbai: 1 - 83. Disponível em: https://www.slideshare.net/ashish1.bansal/impletation-of-it-in- marico

78. Schmarzo B. 5 Ways the Internet of Things drives new opportunities. 2014. Disponível em:
https://infocus.emc.com/william_schmarzo/5-ways-the-internet-of-things-drives-

new-opportunities/
79.Nabulsi A. O universo digital de oportunidades. IDC digital Universe. 2014; Disponível em: https://www.slideshare.net/abdullah_nabulsi/idc-digitaluniverse2014- 33810387
80. Greenough J. The corporate 'Internet of Things' will englobate more devices than the Smart phone and Tablet Markets combined: Business Insider India. 2014;
Disponível em: http://www.businessinsider.in/The-Corporate-Internet-Of-Things-Will- Encompass-More-Devices-Than-The-Smartphone-And-Tablet-Markets-Combinado/articleshow/45483725.cms
81. Singhal TK. Impact of Social Media Expressions on Engagement and Trust of Customers [Impacto das expressões nas redes sociais no envolvimento e na confiança dos clientes]. Amity Business Review. 2016 Jul 1;17(2).
82. Singh AK, Singhal TK. Impact of Social Media Expressions on Value Perceptions and Purchase Intentions [Impacto das expressões nos meios de comunicação social nas percepções de valor e nas intenções de compra]. Amity Business Review. 2015 Jul 1;16(2).
83. Wang X, Yu C, Wei Y. Comunicação entre pares nas redes sociais e impactos nas intenções de compra: A consumer socialization framework. Journal of Interactive Marketing. 2012 Nov 30;26(4): 198-208.
84.Forbes. n.d; Disponível em: https://www.forbes.com/2010/12/03/future-of-selling-leadership-sales-leader-shipogilvyone.html
85.Sin SS, Nor KM, Al-Agaga AM. Factors Affecting Malaysian young consumers' online purchase intention in social media websites. Procedia-Social and Behavioral Sciences. 2012 Jan 1;40:326-33.
86.Davis Mersey R, Malthouse EC, Calder BJ. Engagement with online media. Journal of Media Business Studies. 2010 Jun 1;7(2):39-56.
87. Kim AJ, Ko E. Do social media marketing activities enhance customer equity? An empirical study of luxury fashion brand. Journal of Business Research. 2012 Oct 31;65(10):1480-6.
88.Warren B. 2013; Disponível em: http:/ /thesocialmediamonthly.com / what-does-

deleting-negative comments-say-about-your-brand

89.Techwyse. n.d; Disponível em: http://www.techwyse.com/blog/social-media-marketing/dominatesocial-media-results-by-smartly-handling-negative-comments

90. Determinantes do envolvimento do consumidor no boca-a-boca eletrónico (eWOM) em sites de redes sociais, International Journal of Advertising, 30(1),4775.

91.Moorman C, Zaltman G, Deshpande R. Relationships between providers and users of market research: The dynamics of trust within and between organizations. Journal of marketing research. 1992 Aug 1;29(3):314.

92.Boujena O, Johnston WJ, Merunka DR. The benefits of sales force automation: a customer's perspective. Journal of Personal Selling & Sales Management. 2009 Mar 1;29(2):137-50.

93.Lapierre J. Customer-perceived value in industrial contexts. Journal of business & industrial marketing. 2000 Apr 1;15(2/3):122-45.

94. Gronroos C. O processo de marketing relacional: comunicação, interação, diálogo, valor. Journal of business & industrial marketing. 2004 Mar 1;19(2):99- 113.

95. Morgan RM, Hunt SD. The commitment-trust theory of relationship marketing. The journal of marketing. 1994 Jul 1:20-38

96. Kotler P. Marketing management, analysis, implementation and using the servoual model. The Service Industries Journal. 1997;11(3):324-43

97. Morgan. Como o cliente conectado terá impacto no seu negócio. 2017; Disponível em: https://*www.forbes.com/sites/blakemorgan/2017/04/12/how-the-connected-*customer-will-impact-your-business/#77052d527705

98. Quota de mercado mundial de computadores de secretária vs telemóveis vs tablets. 2017; Disponível em: http://gs.statcounter.com/platform-market-share/desktop-mobile- tablet/worldwide/#monthly-201401-201701

99.Jose. Growth in Smart Devices, Mobile Video, and 4G Networks to Drive Eight-fold Increase in Mobile Data Traffic Over the Next Five Years. 2016; Actas da 10.ª edição anual do Cisco Visual Networking Index (VNI) na Califórnia. Disponível em: https://newsroom.cisco.com/press-release-content?articleId=1741352

100. Oliver RL. Whence consumer loyalty?", Journal of Marketing. 1999 Jan 1:33-44.

101. Cengiz E. Medir a satisfação do cliente: Must or Not? Deniz Bilimleri ve Mijhendisligi Dergisi. 2010;6(2).

102. Driving Intelligent Customer Service with Knowledge Management. n.d; Um white paper da Varint. Disponível em:
http://www.destinationcrm.com/PDF/dCRMWhitepaper.aspx?IssueID=6859

103. Kearney A. 2016; Disponível em: http://rls.net.in/wp-content/uploads/2016/11/AT_Kearney_RLS_Summit_Whitepaper_Final.pdf

104. Yerpude S, Singhal TK. Impact of Internet of Things (IoT) Data on Demand Forecasting [Impacto dos dados da Internet das Coisas (IoT) na previsão da procura]. Jornal Indiano de Ciência e Tecnologia. 2017 Abr 9;8(1)

More Books!

yes

I want morebooks!

Buy your books fast and straightforward online - at one of world's fastest growing online book stores! Environmentally sound due to Print-on-Demand technologies.

Buy your books online at
www.morebooks.shop

Compre os seus livros mais rápido e diretamente na internet, em uma das livrarias on-line com o maior crescimento no mundo! Produção que protege o meio ambiente através das tecnologias de impressão sob demanda.

Compre os seus livros on-line em
www.morebooks.shop

info@omniscriptum.com
www.omniscriptum.com

OMNIScriptum

MIX
Papier aus verantwortungsvollen Quellen
Paper from responsible sources
FSC® C105338

Printed by Books on Demand GmbH, Norderstedt / Germany